Praktische Wetterkunde

Rolf Mangelsen

Praktische Wetterkunde

Erkennen –
Bestimmen –
Vorhersagen

**Kosmos
Gesellschaft der Naturfreunde
Franckh'sche Verlagshandlung
Stuttgart**

Mit 48 Farbfotos vom Verfasser und 40 Zeichnungen nach Vorlagen des Verfassers von J. Ehmann (15) und vom VVR (25). Die Abbildungen auf den Umschlaginnenseiten sind beim Verkehrsverlag Remagen als Wandkarten erhältlich.

Umschlaggestaltung von Edgar Dambacher unter Verwendung eines Dias von Prenzel

CIP-Kurztitelaufnahme der Deutschen Bibliothek

Mangelsen, Rolf:
Praktische Wetterkunde : erkennen – bestimmen – vorhersagen / Rolf Mangelsen. – Stuttgart : Franckh, 1986.
(Kosmos-Naturführer)
ISBN 3-440-05628-7

Franckh'sche Verlagshandlung, W. Keller & Co., Stuttgart/1986
© 1986, Franckh'sche Verlagshandlung, W. Keller & Co., Stuttgart
Printed in Italy / Imprimé en Italie
L 9SN H os
ISBN 3-440-05628-7
Satz: G. Müller, Heilbronn
Herstellung: Grafiche Muzzio, Padua/Italien

Praktische Wetterkunde

Vorwort 5

Die meteorologischen Elemente 7
Luftdruck 7
Wind 14
Temperatur 18
Luftfeuchtigkeit 23

Wolkenbilder und ihre Deutung 26

„Klassisches" Tief und Gewitter 48

Sportbootfahrer und Wetter 52

Alpenwetter – manchmal anders 56

Tips für Fallschirmspringer, Drachen- und Segelflieger . . 72

Anhang 77
Wetterberichte und Wettervorhersagen 77

Sachregister 78

Lehr-Wetterkarte 80

Vorwort

Das Wetter spielt in unserem Leben eine wichtige Rolle – als Wirtschaftsfaktor, der viel Nutzen oder Schaden bringen kann, als Ursache unseres Wohlbefindens, als tödliches Unheil, als gepriesener oder gescholtener „stiller Teilhaber" unserer Freizeit. Wir fragen oft: Wie wird das Wetter? Und normalerweise wenden wir uns dabei an die Wetterberichte im Fernsehen, Rundfunk und in der Presse. Aber die Vorhersagebereiche sind zu groß angelegt, und die verschiedenartigen regional wetterwirksamen Gegebenheiten werden kaum berücksichtigt. Und außerdem gelten die Wettervorhersagen, trotz neuer Satellitensysteme und Großrechenanlagen, nur für recht kurze Zeitspannen.

Da waren unsere Vorfahren eigentlich besser dran. Die Seeleute, Bauern und Hirten vergangener Jahrhunderte mußten sich selbst um ihre Wettervorhersage kümmern. Und das verstanden sie gut, ohne technische Hilfsmittel, allein aus überlieferten Erfahrungen heraus – die richtige Deutung der Wetteranzeichen in ihrem Lebensraum. Es ist schade, daß wir uns so weit von der Natur entfernt haben und uns dieses überlieferte Wissen abhanden gekommen ist. Wir vertrauen blind dem Rundfunk oder Fernsehen – und sind oft genug enttäuscht.

Dieses Buch möchte Ihnen, leicht verständlich und anschaulich, das Zusammenwirken der meteorologischen Elemente erläutern und typische Wetter- und Wolkenbilder deuten helfen. Die Vielzahl der Bilder soll Ihnen den Blick öffnen für einfache Naturvorgänge und ihre Erscheinungsformen. Ein Nebeneffekt könnte sein, daß Sie Freude daran finden, Wolken über Landschaften mit Ihren Augen oder mit der Kamera zu sammeln – ein ungemein belebendes Freilufthobby und sinnliches Erleben der Natur.

Wetterkunde war bisher wahrscheinlich für Sie ein Randgebiet, sollte aber wegen der oft gefahrvollen Eigengesetzlichkeit der verschiedenen Wetterelemente viel tiefer in Ihr Bewußtsein gerückt werden. Es ist schon wichtig, einiges zu wissen über Luftdruck, Wind, Temperatur, Luftfeuchtigkeit und Wolken – und interessant ist es außerdem.

Am Anfang steht die Frage: Was ist denn überhaupt Wetter? Nun – Wetter ist ganz einfach der Zustand der Lufthülle oder, genauer gesagt, der gegenwärtige Zustand der Atmosphäre über einem Ort – und zwar Luftdruck, Wind, Temperatur, Bewölkung und Niederschläge als Ganzes gesehen.

Die *Atmosphäre* umgibt die Erde wie eine Schale. Eine genaue Obergrenze ist nicht anzugeben, da ihre Dichte nach dem Weltraum stetig abnimmt. Bis in die letzten Spuren hinein ist die Atmosphäre etwa 1000 km hoch (Abb. 1). Alle Wettervorgänge spielen sich größtenteils in der untersten Schicht bis ca. 10 km Höhe ab, der sogenannten *Troposphäre*. Die darüberliegenden Schichten (Strato-, Meso-, Iono-, Exosphäre) sind für unser Wetter nicht von Bedeutung.

Stellen Sie sich unsere Erde als einen Globus von 40 cm Durchmesser **5**

Abb. 1

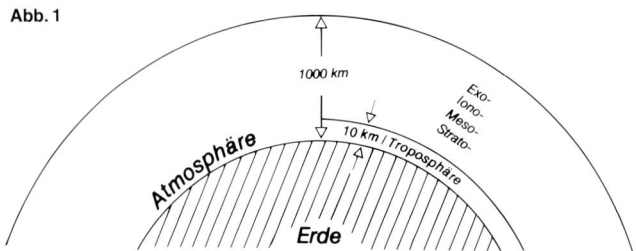

vor. Dann hätte die Atmosphäre – bis in die letzten Spuren hinein – eine Höhe von 3 cm, und die Troposphäre wäre nur $1/3$ mm hoch!

In dieser „hauchdünnen" Schicht spielt sich das gesamte Wetter ab; hier findet man etwa $3/4$ der Luftmasse, fast alle Winde und Wolken und die gängigen Temperaturen. Wer geflogen ist, weiß, daß man mit dem Flugzeug – ganz sicher bei längeren Strecken – auf der Troposphäre „reitet", daß man über dem Wetter, über den Wolken und Winden fliegt und daß die Temperatur in dieser Höhe zwischen −50 und −60 Grad liegt.

Um das Wettergeschehen zu erforschen, muß man die wechselhaften Eigenschaften der Luft durch genaue und vergleichbare Messungen verfolgen. Das geschieht, verteilt über den ganzen Erdball, durch über 9000 *Wetterstationen* und etwa 6000 Wetterschiffe, die gleichermaßen nach internationalen Vereinbarungen verfahren und ihre Meßdaten austauschen bzw. weitergeben. Allein in der Bundesrepublik Deutschland gibt es 180 Wetterdienststellen – von der Zugspitze bis nach Schleswig – mit über 3000 Beobachtungsposten, außerdem sind 480 Schiffe mit Bordwetterstationen ausgerüstet.

Alle Mitteilungen werden gesammelt und nach Offenbach zum Zentralamt des Deutschen Wetterdienstes weitergeleitet. Aus den Beobachtungen und Messungen, den Daten ausländischer Wetterdienste und – last not least – den Satellitenbildern werden die täglichen Wetterberichte zusammengestellt.

Ein Wort noch zu den *Wettersatelliten*. Sie „stehen" in einer Höhe von fast 36 000 km über der Erde, ihre Umlaufbahn entspricht also der Erdumdrehung, so daß sie scheinbar über einem Ort der Erde stehen bleiben und immer den gleichen Blickwinkel haben. Alle drei Stunden senden sie ein Foto zur Erde, das unseren gesamten Globus mit allen Wolkenfeldern und -spiralen zeigt. Hiervon werden nach Bedarf Ausschnittsvergrößerungen gemacht, z. B. für den Wetterbericht im Fernsehen. Es gibt auch Wettersatelliten in der polaren Umlaufbahn, deren Flughöhe wesentlich niedriger liegt (ca. 1400–1600 km). Bei ihrem Lauf längs der Meridiane dreht sich die Erde unter ihnen, und die Fotos verschieben sich jeweils um 15 Grad. So weit die Technik aber auch fortschreiten möge, die Satelliten werden nur Hilfsmittel bleiben. Sie können die Beobachtungen und Messungen der Wetterstationen nicht ersetzen.

Übrigens – unsere Wetterdienst-Zentrale in Offenbach am Main ist ein wichtiger Knotenpunkt innerhalb des gesamten Wetterfernmeldedienstes der Nordhemisphäre, so wie die anderen vier Zentralen New York, Moskau, Tokio und Neu-Delhi. Eine aufwendige Großrechenanlage verarbeitet pausenlos Millionen von Wetterdaten aus der ganzen Welt. Jährlich kostet die Wettervorhersage in der Bundesrepublik Deutschland ca. 150 Millionen Mark an Steuergeldern, aber der Nutzen für die Wirtschaft, besonders für Industrie und Verkehr, ist ungleich höher. Man schätzt, er sei etwa 20mal so hoch!

Die meteorologischen Elemente

Luftdruck

Über jedem Ort der Erde steht – bis zur Grenze der Atmosphäre – eine hohe Luftsäule, die einen bestimmten Druck auf die Erdoberfläche ausübt. Der Luftdruck entspricht einer Kraft von etwa 1 kg auf 1 cm². Er weist an der Erdoberfläche örtlich und zeitlich geringe Unterschiede auf (davon „lebt" das Wetter), je nachdem, ob die Luftsäule aus wärmerer oder kälterer Luft besteht oder ob steigende oder fallende Winde vorherrschen. Der Druck nimmt mit der Höhe rasch ab, in 5,5 km etwa auf die Hälfte, in 16 km auf 10%, in 32 km auf 1%.
Im Jahre 1644 machte der Italiener *Torricelli* folgenden Versuch: Er füllte eine lange, einseitig geschlossene Glasröhre mit Quecksilber und stellte sie mit der Öffnung nach unten in ein offenes Gefäß (Abb. 2). In der Röhre fiel das Quecksilber so weit, bis der Druck der verbleibenden Säule dem äußeren Luftdruck auf die Oberfläche im offenen Gefäß entsprach, und zwar auf ca. 760 mm (= 760 Torr).
Der normale Luftdruck auf Meereshöhe beträgt also – seit Torricelli so benannt – 760 mm (oder Torr). In Wetterberichten jedoch wird der Luftdruck in *Millibar* (mb) angegeben. Die Umrechnung ist verhältnismäßig einfach, denn

$$750 \text{ mm} = 1000 \text{ mb (g pro cm}^2)$$
$$\text{oder: } 1 \text{ mm} = 4/3 \text{ mb}$$
$$1 \text{ mb} = 3/4 \text{ mm}$$

Dem normalen Luftdruck von 760 mm entsprechen somit 1013 mb.
Wie anfangs schon erwähnt, nimmt der Luftdruck mit der Höhe ab, und zwar je 8 m Höhe um 1 mb. In größeren Höhen wird der Druckabfall jedoch zunehmend geringer: In 800 m Höhe hat sich der Luftdruck nicht um 100 mb, sondern nur um 92,5 mb verringert. Eine Wetterstation in 800 m Höhe muß sich also die Vorgabe von 92,5 mb geben, bevor ihre Luftdruckmessung mit der einer Küstenstation verglichen werden kann.

Abb. 2

760 mm

7

(Nebenbei, auch die Höhenmesser der Flugzeuge arbeiten mit der Luftdruckmessung, wobei der Druckunterschied gegen den Wert am Boden festgestellt wird.)

Die Weltorganisation für Meteorologie hat 1981 beschlossen, ab 1984 den Luftdruck statt in Millibar in *Hektopascal* (hPa) anzugeben.

$$1 \text{ Pa} = 1 \text{ N/m}^2 = 1 \text{ kg/ms}^2$$
$$1 \text{ mb} = 100 \text{ Pa} = 1 \text{ hPa}$$

Wem diese Zeichen nicht geläufig sind, kann sich mit der Feststellung begnügen, daß es letztlich – trotz unterschiedlicher Ableitung – nur eine andere Bezeichnung ist. Die Meßskalen der Barometer und unsere Erfahrungswerte brauchen nicht geändert zu werden. Auch der Verfasser bleibt vorerst und im folgenden bei Millibar (mb).

Zur Messung des Luftdrucks dient das *Barometer*. Das gebräuchliche Aneroid- oder Dosenbarometer hat als wichtigstes Bestandteil eine luftleere Dose aus elastischem, gewelltem Blech, die durch die umgebende Luft zusammengedrückt und andererseits durch Federdruck auseinandergezogen wird (Abb. 3). Dieses feine Kräftespiel wird über ein Hebelsystem auf einen Zeiger übertragen.

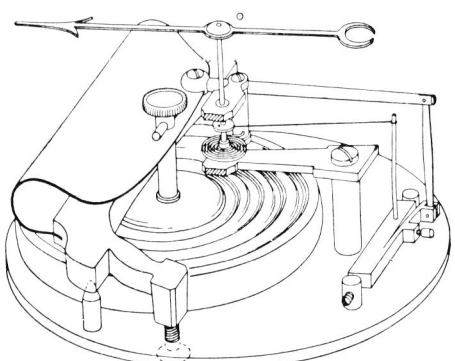

Abb. 3

Befindet sich am Zeiger ein Schreibstift, der den Ablauf des Luftdrucks auf einem Papierstreifen markiert, der auf einer sich drehenden Trommel einmal in der Woche am Schreibstift vorbeizieht, so ist es ein selbstschreibendes Barometer, auch *Barograph* genannt.

Dieses Gerät ist sehr präzise, weil es mehrere Aneroiddosen übereinander hat, und zeichnet in einer fortlaufenden Linie den Verlauf der Luftdruckänderung und somit deutlich die Tendenz auf.

Ihr Barometer sollte möglichst so angebracht werden, daß es vor starken Temperaturschwankungen und direkter Sonnenbestrahlung geschützt wird. Auf der Rückseite finden Sie eine kleine Schraube, mit der Sie mühelos – nach Vorgabe eines einwandfreien Quecksilberbarometers oder der mittäglichen Rundfunk-Wettervorhersage – den Zeiger

auf den richtigen Wert einstellen können.

Wichtiger noch als der absolute Wert des Luftdrucks, der auf Ihrem Barometer angezeigt wird, ist das Steigen und Fallen, die Tendenz des Luftdrucks, die Sie mittels Merkzeiger oder durch leichtes Klopfen an das Glas feststellen können.

Merken Sie sich bitte, das Barometer ist für den „Wetterlaien" das wichtigste Gerät überhaupt; denn es ist weitgehend – mit regionalen Einschränkungen, auf die später noch eingegangen wird – ein verläßlicher Wetterprophet, der Ihnen für den Bereich von mindestens 4–6 Stunden eine recht zuverlässige Prognose geben kann:

Steigt der Luftdruck stetig, naht ein Hochdruckgebiet und somit eine Periode schönen Wetters.

Bei gleichbleibend hohem Barometerstand ist mit beständig gutem Wetter zu rechnen.

Fällt der Luftdruck stetig, naht ein Tiefdruckgebiet und somit schlechtes Wetter.

Schnelles Fallen, etwa 1 mb in der Stunde, weist auf ein sich näherndes Sturmtief hin.

Bei anhaltend niedrigem Barometerstand ist mit Anhalten des stürmischen Wetters zu rechnen.

Langsames und stetiges Steigen des Luftdrucks ist ein sicheres Zeichen für die Besserung der Wetterlage, für das Abnehmen der Windstärke und Nachlassen des Regens.

Bedeutsamer für das Wettergeschehen als die absoluten Luftdruckwerte sind die *Luftdruckgegensätze* im weiten Raum. Mit dem weiten Raum sind hier nicht nur die Deutsche Bucht oder die westliche Ostsee gemeint, sondern in etwa ganz Europa und der Nordatlantik (s. Anhang; „Lehr-Wetterkarte").

Alle Wetterstationen geben zu bestimmten Zeiten u. a. die Meßwerte ihres Luftdrucks (in mb) durch. Um alle miteinander vergleichen zu können, müssen die verschieden hoch liegenden Stationen ihre Luftdruckangaben vorher auf Meereshöhe (NN = Normal Null = mittleres Meeresniveau, dem Mittelwasser des Amsterdamer Pegels entsprechend) umrechnen. Die gesammelten Luftdruckwerte werden per Computer als *Isobaren* auf der Wetterkarte dargestellt. Diese Isobaren – Linien gleichen Drucks –, die von 5 zu 5 mb gezeichnet werden, schneiden sich niemals, sondern beißen sich sozusagen in den Schwanz. Ihr Verlauf macht uns sehr anschaulich deutlich, wie die verschiedenen Luftdruckfelder zueinander liegen.

In Abb. 4 sehen wir deutlich das markante Tief (T) mit 990 mb und südlich davon das Hoch (H) mit 1020 mb. Man spricht auch von Zyklonen (T) und Antizyklonen (H). Neben diesen beiden Grundformen sind noch Hochdruckkeil (h) und Tiefdruckausläufer (t) zu nennen. Gelegentlich gibt es auch eine Hochdruckbrücke (B), die zwischen zwei Tiefdruckgebieten von einem Hoch zum anderen führt. Statt Hochdruckbrücke sagt man auch Hochdruckrücken oder Hochdrucksattel. Andererseits kann es auch Tiefdruckrinnen oder Tiefdruckfurchen geben.

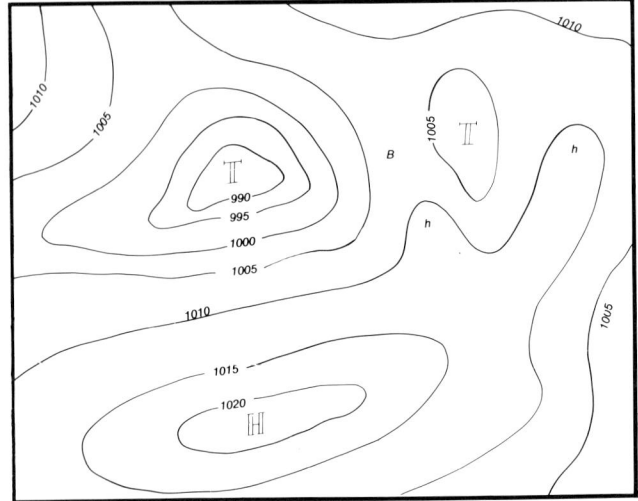

Abb. 4

Stellen Sie sich ein Hoch im Osten über Rußland und ein Tief im Westen über England vor. Dann könnte die Isobarenkarte, willkürlich und vereinfacht gezeichnet, etwa so aussehen wie in Abb. 5.

Was geschieht nun mit der Luftmasse über Europa? Die Luft setzt sich in Bewegung und strömt vom Gebiet des hohen Drucks in das Gebiet tieferen Drucks, um dieses aufzufüllen. Das ist ganz einfach die Entstehung des Windes. Man könnte annehmen, daß der Wind, im Hoch ansetzend, in gerader Linie von Ost nach West verläuft, wie es in Abb. 6 dargestellt ist.

So einfach ist es jedoch nicht, hier spielt die Erdumdrehung eine ent-

Abb. 5

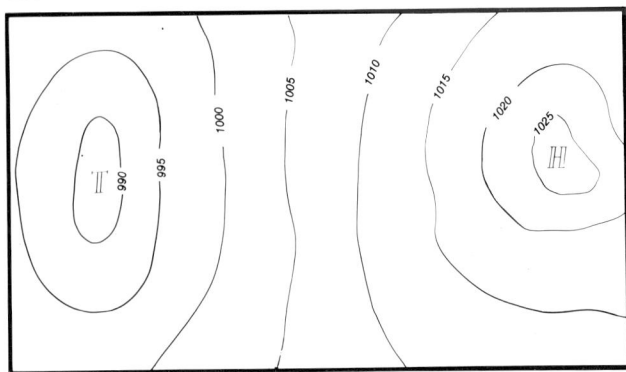

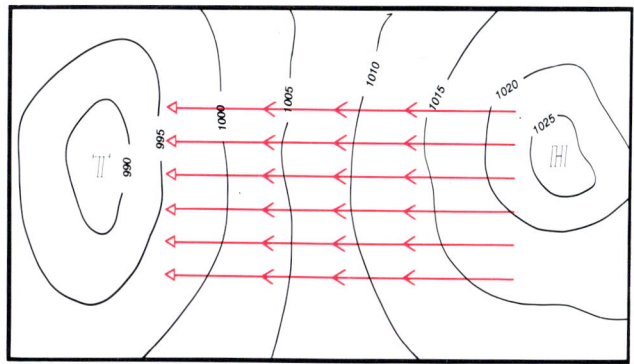

Abb. 6

scheidene Rolle. Durch die unterschiedliche West-Ost-Geschwindig-
keit der Luftmassen (Orte am Äquator haben beim Drehen der Erde
eine höhere Geschwindigkeit als z. B. Orte nördlich des Polarkreises)
kommt es durch die Corioliskraft zu einem rechten Abdrehen der Winde. Die im Hoch entstehende Luftströmung dreht sich im Uhrzeigersinn
rechts aus dem Hoch heraus und links in das Tief hinein (Abb. 7).

Abb. 7

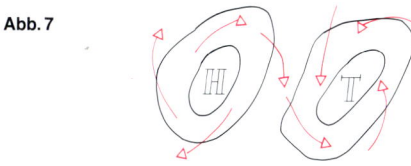

Auf unserer willkürlichen Isobarenkarte – aus der so vorgegebenen
Lage von Hoch und Tief – ergeben sich nunmehr über Europa folgende
Windrichtungen (Abb. 8):

Abb. 8

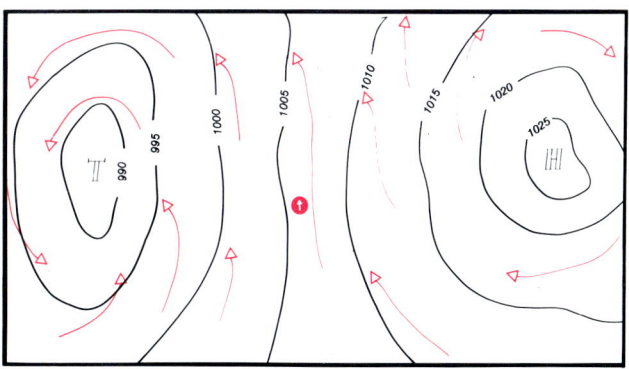

Das ist ein für die Wetterkunde grundlegendes Naturgesetz, bekannt als *barisches Windgesetz*:

Stellt man sich (auf der Nordhalbkugel) mit dem Rücken zum Wind (↑), so hat man das Tief auf der linken und das Hoch auf der rechten Seite.

Auf der Südhalbkugel ist alles umgekehrt. Da dreht sich der Wind links aus dem Hoch heraus und rechts in das Tief hinein, und wenn man mit dem Rücken zum Wind steht, liegt das Tief rechts und das Hoch links.

Aus der Lage von Hoch und Tief zueinander ergeben sich in Europa einige typische Wetterlagen, die – wohl etwas variabel – immer wieder vorkommen.

Die Süd-Wetterlage (Abb. 9):

Vorherrschende Südwinde, trockene Warmluft, lang anhaltendes Schönwetter, kaum Wolken und Niederschläge, Föhn in den Nordalpen (Mittelmeerklima).

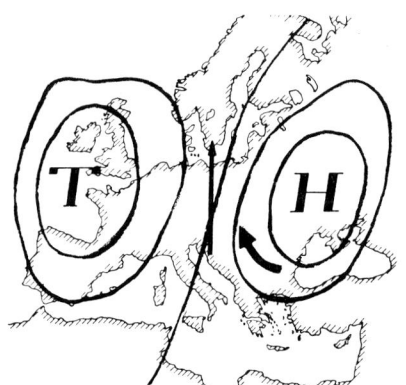

Abb. 9

Die Nord-Wetterlage (Abb. 10):

Arktische Kaltluft, Frostgefahr, Schauerwetter, ,,Aprilwetter'' (polarer Wettereinfluß).

Die Ost-Wetterlage (Abb. 11):
Im Sommer warme, trockene Luftmassen, im Winter starke und dauerhafte Kälte (kontinentales Klima).

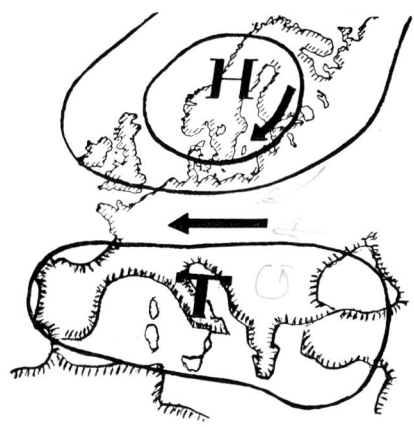

Abb. 11

Die West-Wetterlage (Abb. 12):
Westliche Winde, wechselhaftes Wetter, Wolken und Niederschläge, im Winter gemäßigt, Ostdrift der Tiefdruckgebiete, häufigste Wetterlage in Europa (Meeresklima).

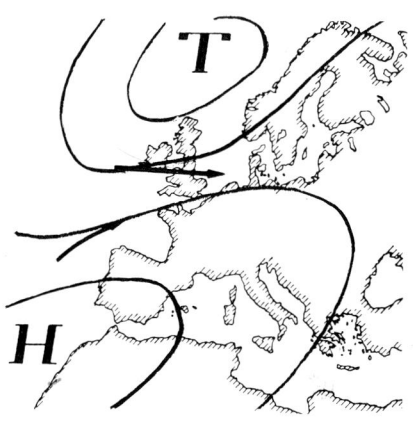

Abb. 12

Wind

Sie haben nun erfahren, wie der Wind entsteht und wie er vom Hoch zum Tief verläuft. Um ihn einordnen zu können, brauchen wir zwei Angaben: Richtung und Geschwindigkeit bzw. Stärke.

Die *Windrichtung* wird immer noch nach alter Praxis mit der Windrose (Abb. 13) angegeben. Es gibt jedoch auch die mehr wissenschaftliche und genauere Kreiseinteilung (360 Grad insgesamt, d. h. N = 0°, NO = 45°, O = 90°, S = 180°, W = 270° usw.).

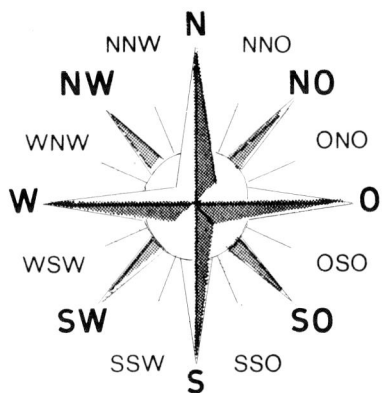

Abb. 13

Die Windgeschwindigkeit bzw. *Windstärke* kann man verschieden angeben, und zwar in Metern pro Sekunde (m/s), in Kilometern pro Stunde (km/h), in Knoten (kn) = Seemeilen (sm) pro Stunde wie im Seewetterbericht oder als Staudruck in Kilogramm pro Quadratmeter (kg/m²). Die gängigste Art in der Praxis ist es jedoch, die Windstärke in *Beaufortgraden* auszudrücken. Beaufort war ein englischer Admiral, der bereits im Jahre 1806 aufgrund seiner Erfahrungswerte, die er auf seinen vielen weiten Segelturns gewonnen hatte, eine Skala aufstellte, die später vervollständigt und verfeinert wurde.

Bei Windstärke 12 endete die Tabelle. Wenn wir allein an die schlimmsten Stürme der letzten Jahre über Norddeutschland denken (Februar 1962, November 1972, Januar 1976), stellen wir fest, daß diese Skala nicht genügt, denn dort wurden einzelne Böen bis zu 80 Knoten gemessen. Die Beaufort-Skala ist deshalb vom Internationalen Wetterdienst bis Windstärke 17 erweitert worden (= ca. 109 kn). Aber selbst diese Skala reicht bei weitem nicht aus bei einigen tropischen Orkanen, deren Geschwindigkeit zeitweise über 200 Knoten liegen kann. Das entspräche etwa – und das ist für die meisten von uns sicher unvorstellbar – einer Windstärke über 30!

Am Isobarenabstand kann man erkennen, wie stark der Wind sein wird. Es ist einleuchtend, wenn man sagt: Je enger die Isobaren aneinanderliegen, desto stärker ist das Druckgefälle und somit der Wind! Diese Faustregel mag Ihnen Anhalt sein: Beträgt der Isobarenabstand 300 Seemeilen (Luftlinie Hamburg – Stuttgart), so ist mit Windstärke 3 zu rechnen; ist der Abstand ca. 200 sm (Hamburg – Köln), kann man Windstärke 5 erwarten; und ist der Isobarenabstand nur 100 sm (Hamburg – Westerland), so muß man sich auf Windstärke 7–8 einstellen. – Inmitten eines Hochs und im Zentrum eines Tiefs herrscht Windstille.

Wenn wir die Windgeschwindigkeit messen wollen, benutzen wir einen *Windmesser* (Anemometer) (Abb. 14). Der Hand-Windmesser besteht aus einem Gehäuse mit Handgriff, Skala und drei symmetrisch angebrachten Schalen, deren Drehgeschwindigkeit auf die Skala übertragen wird.

Abb. 14

Das Schalenkreuz kann auch an einem Mast befestigt werden und durch ein Kabel mit dem Anzeigegerät in einem Raum verbunden werden. Dann ist es ein fernanzeigender Windmesser.

Wie wird der Wind auf Wetterkarten dargestellt? Der Beobachterstandpunkt, d. h. die Wetterstation, wird durch einen kleinen Kreis markiert, auf den der Wind zuweht:

Abb. 15

Nordwestwind:　↘○　　　vereinfacht ohne Pfeilspitze:　↘○

Windstärke　　1　2　3　4　5　6　7　8　9　10　11　12

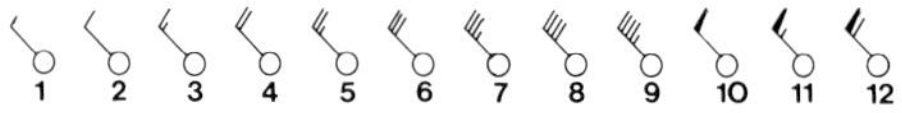

Windstille:　　◎

15

Beaufortskala und Windgeschwindigkeit

Beaufort-grad	Bezeichnung	Auswirkungen des Windes im Binnenlande
0	still	Windstille, Rauch steigt gerade empor.
1	leiser Zug	Windrichtung angezeigt nur durch Zug des Rauches, aber nicht durch Windfahne.
2	leichte Brise	Wind am Gesicht fühlbar, Blätter säuseln, Windfahne bewegt sich.
3	schwache Brise	Blätter und dünne Zweige bewegen sich, Wind streckt einen Wimpel.
4	mäßige Brise	Hebt Staub und loses Papier, bewegt Zweige und dünnere Äste.
5	frische Brise	Kleine Laubbäume beginnen zu schwanken. Schaumköpfe bilden sich auf Seen.
6	starker Wind	Starke Äste in Bewegung, Pfeifen in Telegraphen-Leitungen, Regenschirme schwierig zu benutzen.
7	steifer Wind	Ganze Bäume in Bewegung, fühlbare Hemmung beim Gehen gegen den Wind.
8	stürmischer Wind	Bricht Zweige von den Bäumen, erschwert erheblich das Gehen im Freien.
9	Sturm	Kleinere Schäden an Häusern (Rauchhauben und Dachziegel werden abgeworfen).
10	schwerer Sturm	Entwurzelt Bäume, bedeutende Schäden an Häusern.
11	orkanartiger Sturm	Verbreitete Sturmschäden (sehr selten im Binnenlande).
12	Orkan	Schwerste Verwüstungen.

Beaufortgrad	13	14
	134–149 km/h	150–166 km/h

Auswirkungen des Windes auf der See	km/h	Knoten
Spiegelglatte See.	1	1
Kleine schuppenförmig aussehende Kräuselwellen ohne Schaumköpfe.	1— 5	1— 3
Kleine Wellen, noch kurz, aber ausgeprägter. Kämme sehen glasig aus und brechen sich nicht.	6— 11	4— 6
Kämme beginnen sich zu brechen. Schaum überwiegend glasig, ganz vereinzelt können kleine weiße Schaumköpfe auftreten.	12— 19	7—10
Wellen noch klein, werden aber länger, weiße Schaumköpfe treten aber schon ziemlich verbreitet auf.	20— 28	11—15
Mäßige Wellen, die eine ausgeprägte lange Form annehmen. Überall weiße Schaumkämme. Ganz vereinzelt kann schon Gischt vorkommen.	29— 38	16—21
Bildung großer Wellen beginnt. Kämme brechen sich und hinterlassen größere weiße Schaumflächen. Etwas Gischt.	39— 49	22—27
See türmt sich. Der beim Brechen entstehende weiße Schaum beginnt sich in Streifen gegen die Windrichtung zu legen.	50— 61	28—33
Mäßig hohe Wellenberge mit Kämmen von beträchtlicher Länge. Von den Kanten der Kämme beginnt Gischt abzuwehen. Schaum legt sich in gut ausgeprägten Streifen in die Windrichtung.	62— 74	34—40
Hohe Wellenberge, dichte Schaumstreifen in Windrichtung. „Rollen" der See beginnt. Gischt kann die Sicht schon beeinträchtigen.	75— 88	41—47
Sehr hohe Wellenberge mit langen überbrechenden Kämmen. See weiß durch Schaum. Schweres stoßartiges „Rollen" der See. Sichtbeeinträchtigung durch Gischt.	89—102	48—55
Außergewöhnlich hohe Wellenberge. Durch Gischt herabgesetzte Sicht.	103—117	56—63
Luft mit Schaum und Gischt angefüllt. See vollständig weiß. Sicht sehr stark herabgesetzt. Jede Fernsicht hört auf.	118—133	64—71

15	16	17
167—183 km/h	184—201 km/h	202 km/h

Temperatur

Nach Luftdruck und Wind ist die Temperatur das dritte wichtige meteo-
rologische Element. Zur Bestimmung der Temperatur dient das Queck-
silberthermometer. Dabei kann die *Thermometerskala* durchaus unter-
schiedlich sein. In den meisten Ländern ist die Skala des Schweden
Celsius im Gebrauch, vor einiger Zeit richtete man sich in vielen Ländern nach der Skala des Franzosen Réaumur, in den angelsächsischen
Ländern verfährt man (noch) nach der Gradeinteilung des Deutschen
Fahrenheit, und seit einigen Jahren ist für alle die Skala des britischen
Physikers Kelvin bindend – zumindest im Bereich der Wissenschaft
(1969 als „Gesetz über die Einheiten im Meßwesen" im Bundestag
verabschiedet).

$$
\left.
\begin{array}{lll}
\text{Celsius} & 0° \rightarrow 100° \\
\text{Réaumur} & 0° \rightarrow 80° \\
\text{Fahrenheit} & 32° \rightarrow 212° \\
\text{Kelvin} & 273° \rightarrow 373°
\end{array}
\right\}
\begin{array}{l}
\text{vom Gefrier- bis} \\
\text{zum Siedepunkt}
\end{array}
$$

z. B.   12° Celsius = 285° Kelvin
        −10° Celsius = 263° Kelvin
(0° Kelvin = absoluter Nullpunkt, d. h. jegliche
Bewegung der Moleküle hört auf.)

Das alles ist schon sehr verwirrend. Wir haben die Gradeinteilung eines
Schweden, hatten die eines Franzosen, die Angelsachsen haben die
eines Deutschen, und wir alle haben die eines Angelsachsen.
Nun, wir bleiben am besten bei Celsius, denn Lord Kelvin wird sich im
Alltagsgebrauch kaum durchsetzen können.

Unser Lebensspender, Wärmelieferant und Wettermotor ist die *Sonne*.
Die Lebensfähigkeit unserer Erde liegt begründet in ihrer „richtigen"
Entfernung zur Sonne. Unsere Mitplaneten sind in ihrer Umlaufbahn
der Sonne und ihrer Hitze zu nahe (Venus und Merkur), oder sie sind zu
weit entfernt und bieten wegen der zu niedrigen Oberflächentempera-
tur keine Lebenschancen (Mars, Jupiter, Saturn, Uranus, Neptun und
Pluto). Unsere Sonne ist eine unter Milliarden von Fixsternen. Wenn
wir davon ausgehen, daß unter deren Planeten „nur einige" ihre richtige Entfernung zu ihrer Sonne haben, so gibt es Tausende von „Er-
den", d. h. Planeten, auf denen sich wie bei uns Leben entwickelt haben
könnte – vielleicht mit völlig anderen Lebewesen bis zu einer Stufe, die
wir weit hinter uns oder noch lange nicht erreicht haben.
Der Erde wird täglich durch die Sonnenstrahlung eine ungeheure Ener-
giemenge zugeführt. Die Erdoberfläche wird tagsüber erwärmt und gibt
dauernd – der Erdboden mehr als die Meere – Wärme an die Atmosphäre ab. Durch diese unterschiedliche Abstrahlung sind die Luftmassen in der Troposphäre laufend in Bewegung. Warme Luft steigt nach
oben, kältere fließt abwärts, und beide Luftmassen sind nach Ausgleich
bestrebt. Das ist eine Bewegung ohne Ende – und der Motor dazu ist

die Sonne.

In diesem scheinbaren Durcheinander gibt es eine Gesetzmäßigkeit, die im Grunde leicht zu verstehen ist. Am Äquator ist die senkrechte Sonneneinstrahlung viel intensiver als die sehr flache an den Polen. Daraus ergeben sich zwei wichtige, wärmeabhängige Vorgänge im Wettergeschehen. Zum einen sind die aufsteigenden Luftströmungen am Äquator durch den enormen Hitzeeinfluß so gewaltig, daß hier die Troposphäre bis hin zur Tropopause (Grenze zwischen Troposphäre und Stratosphäre) um einige Kilometer höher ist als bei uns (am Äquator 16–17 km hoch, in unseren Breiten 11 km, an den Polen 8–9 km). Zum anderen entsteht dadurch das *planetarische Windsystem,* das sich in parallelen Walzen mit ziemlich gleichbleibenden Höhen- und Bodenströmungen um den gesamten Erdball zieht – mit der Tiefdruckzone am Äquator, dem Nordostpassat, dem permanenten Azorenhoch (Roßbreiten mit den Kalmen, Wüstengürtel), dem Nordatlantiktief bei Island mit häufigen West- und Nordwestwinden und den polaren Hochdruckkappen (Abb. 16).

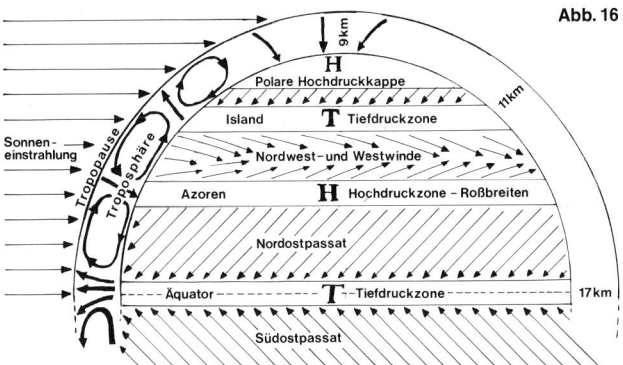

Abb. 16

Wie man aus Abbildung 16 ersehen kann, gibt es – neben der horizontalen Luftbewegung zwischen Hoch und Tief (s. S. 11) – auch den permanenten *vertikalen Luftaustausch* (Abb. 17). Wo auch immer ein Tief entsteht, es holt sich seinen Luftnachschub in Bodennähe vom Hoch. Die angesaugte Luft steigt im Tief nach oben, strömt in großer Höhe in die entgegengesetzte Richtung und wird vom Hoch übernommen, um darin wieder nach unten gedrückt zu werden.

Abb. 17

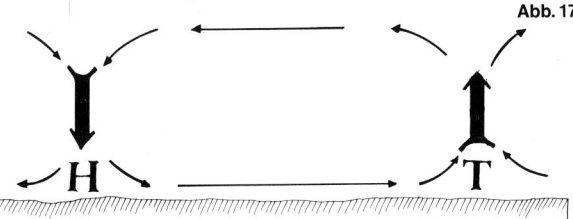

Das Größen- und Entfernungsverhältnis zwischen Sonne, Erde und Mond läßt sich sehr anschaulich so verdeutlichen: Stellen Sie sich vor, in 2 km Entfernung sei eine hell glühende Kugel von 20 m Durchmesser, so hoch wie ein fünfstöckiges Haus – die Sonne. Unmittelbar vor Ihnen läge eine Kugel von 20 cm Durchmesser, wie ein Handball – die Erde. Und davon etwa 6 m entfernt wäre eine Kugel von 6 cm Durchmesser, wie ein Tennisball – der Mond.

Der Bewegungsablauf von Erde und Mond ist verhältnismäßig einfach zu beschreiben. Die Erde dreht sich in 24 Stunden von West nach Ost einmal um sich selbst und macht, begleitet vom Mond, die weite Jahresreise um die Sonne. Sie wird, um beim obigen Bild zu bleiben, in einem halben Jahr 4 km von hier aus entfernt sein, exakt auf der anderen Seite der Sonne, und in einem Jahr wieder den jetzigen Punkt erreicht haben. Der Mond dreht sich im Laufe dieser Jahrestour, uns immer nur eine Seite zuwendend, zwölfmal um die Erde. Dieser Bewegungsablauf ist deshalb erwähnenswert, weil davon die *Gezeiten* abhängen. Wir wissen, daß der Mond durch seine Anziehungskraft Flut und Ebbe auslöst (Abb. 18). Er zieht zwar nur in einer Richtung (dort bewirkt er die „Zenit-Flut"), aber auch auf der gegenüberliegenden Seite entsteht durch das Gleichgewicht der Kräfte ein Flutberg (die „Nadir-Flut"). Unter diesen beiden Flutbergen dreht sich die Erde in 24 Stunden einmal herum. So kommt es, daß etwa alle 12 Stunden Hochwasser ist.

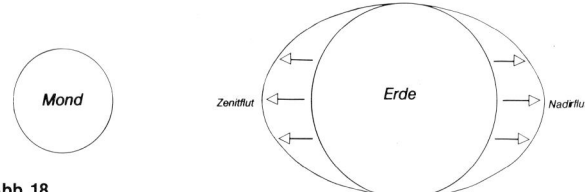

Abb. 18

Auch die Sonne mobilisiert Gezeitenkräfte, obwohl sie so weit entfernt ist. Man kann sagen, daß der Mond aufgrund seiner Nähe mit etwa zwei Dritteln und die Sonne mit einem Drittel „zieht". Wenn sich zweimal im Monat die Anziehungskräfte – bei Vollmond und Neumond – addieren, entstehen die „Springtiden" (Abb. 19). Vom Springen kann bei normalen Wetterbedingungen jedoch kaum die Rede sein, denn die Flut steigt allenfalls um wenige Dezimeter höher als normal. Gefährlich wird es erst, wenn extreme Wetterverhältnisse dazukommen.

Bei Halbmond wirken die Anziehungskräfte von Mond und Sonne gegeneinander, dann spricht man von „Nipptiden".

Nach diesem scheinbaren Abschweifen in die Gezeitenkunde – scheinbar deswegen, weil die Sonne auch hier die auslösende und alles bewegende Kraft ist – wenden wir uns wieder der Temperatur zu.

Zur *Temperaturbestimmung* sollte man nur gute, geprüfte Quecksilber- oder elektronische Thermometer verwenden. Für eine exakte Messung

ist darauf zu achten, daß das Thermometer nicht im Sonnenschein

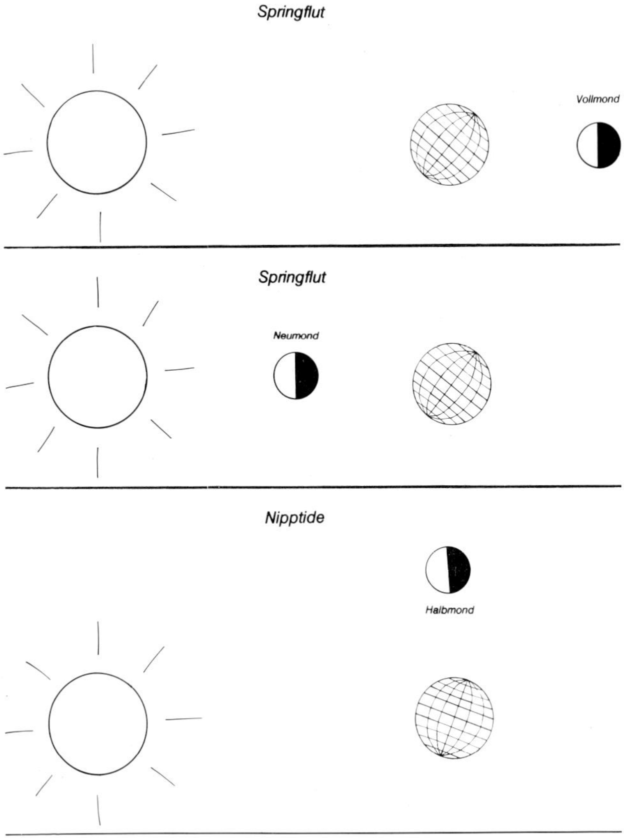

Springflut

Vollmond

Springflut

Neumond

Nipptide

Halbmond

Abb. 19

hängt, sondern im Schatten an einer Nordwand oder am besten in einer besonderen, gut durchlüfteten kleinen Thermometerhütte, die man aus Latten und kurzen Brettern selber bauen kann.

Über die extremen Temperaturwerte auf der Erde gibt es unterschiedliche Angaben. Im subtropischen Wüstengürtel – etwa in der Sahara – dicht über dem Wüstensand können, bedingt durch die Reflexion, Temperaturen von über 70° auftreten. Im Innern Grönlands dagegen gibt es Temperaturen bis −65 °C. Die Tiefsttemperatur der nördlichen Halbkugel wurde mit −78 °C in Ostsibirien (bei Werchojansk) gemessen. Den absoluten Minusrekord hält die Antarktis, in deren Innern beim sogenannten Unzulänglichkeitspol die Temperatur von −90 °C gemessen worden sein soll.

Es ist leicht zu verstehen, daß die Sonnenstrahlen die dunkle, rauhe Erdoberfläche schneller und stärker erwärmen als die helle, reflektierende Wasseroberfläche der Meere. Die schnell erwärmte Oberfläche der Erde gibt allerdings die Wärme ebenso leicht wieder ab und heizt somit die darüber lagernde Luft, die dann in aufsteigender, oft turbulenter Bewegung nach oben zieht. In den Nächten kühlt sie sich rasch ab, und die Temperatur fällt um etliche Grade.

Die Meere dagegen sind weit bessere Wärmespeicher, die nachts oder im Winter die Wärme nur zögernd wieder hergeben. Besonders im Winter sind große Meere Wärmeregulatoren und sorgen für ausgeglichene Temperaturen, während weite Landmassen offen sind für intensive Kälteeinbrüche.

Somit sind beide, ausgedehnte Landmassen und Meere, entscheidende Klimafaktoren. In Ostsibirien gibt es als Kennzeichen des *Landklimas,* auch Kontinentalklima genannt, verhältnismäßig heiße Sommer und sehr strenge Winter. Die mittlere Monatstemperatur schwankt zwischen +18°C im Juli und −45°C im Januar, also um 63°! Auf den Färöer-Inseln, das ist etwa derselbe Breitengrad, herrscht reines *Seeklima* mit verhältnismäßig kühlen Sommern und sehr milden Wintern. Hier schwankt die mittlere Monatstemperatur von +11°C im Juli bis +3°C im Januar, also nur um 8°.

Interessant ist ein Vergleich der Tagestemperaturen, wie sie an einem gleichermaßen schönen, wolkenlosen Julitag über Berlin und über Helgoland ablaufen könnten (Abb. 20).

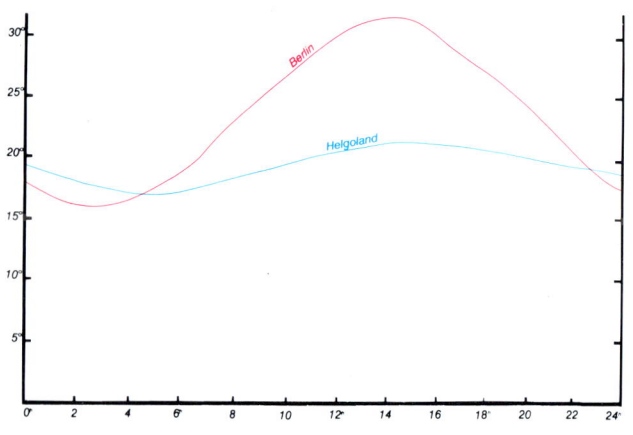

Abb. 20

Luftfeuchtigkeit

Die Luft hat zu jeder Zeit und überall einen bestimmten Wasserdampfgehalt. Man kann Wasserdampf normalerweise nicht sehen und nicht schmecken, aber jeder hat sicher schon gespürt, wie sehr sich hohe Luftfeuchtigkeit auf den Menschen auswirken kann, zum Beispiel in einer schwülen Sommernacht auf einer Mittelmeerinsel.

Die Anzahl Gramm Wasserdampf, die in einem Kubikmeter Luft enthalten ist, nennt man *absolute Luftfeuchtigkeit.*

Die *Sättigungsfeuchtigkeit* ist die Feuchte, die die Luft bei einer bestimmten Temperatur aufnehmen kann. Je wärmer die Luft, desto mehr Feuchte kann sie aufnehmen, d. h. desto höher liegt die Sättigungsfeuchtigkeit. So kann z. B. maximal enthalten sein in:

$$1 \text{ m}^3 \text{ Luft von } -10°\text{C} = 2,4 \text{ g Wasserdampf}$$
$$1 \text{ m}^3 \text{ Luft von } 0°\text{C} = 4,8 \text{ g Wasserdampf}$$
$$1 \text{ m}^3 \text{ Luft von } +10°\text{C} = 9,4 \text{ g Wasserdampf}$$
$$1 \text{ m}^3 \text{ Luft von } +20°\text{C} = 17,3 \text{ g Wasserdampf}$$
$$1 \text{ m}^3 \text{ Luft von } +30°\text{C} = 30,4 \text{ g Wasserdampf}$$

Jede Temperatur hat ihren Maximalwert, ihre Sättigungsfeuchte. Sie liegt, um als Beispiele drei weitere Temperaturen willkürlich herauszugreifen, bei 6°C = 7,3 g, 17°C = 14,5 g, 23°C = 20,6 g (s. Psychrometertafel). Daraus ersehen wir, daß Luftfeuchtigkeit und Temperatur ein „gesetzmäßiges Verhältnis" zueinander haben und voneinander abhängig sind. Das ist wichtig zum Verständnis weiterer Zusammenhänge.

Die absolute Feuchte allein ist nicht sehr aufschlußreich, denn beispielsweise sind 4,5 g in 1 m³ Luft bei 0° sehr viel (vergl. oben: fast Sättigungsfeuchte), bei 30° so gut wie nichts. Entscheidend ist das Verhältnis der absoluten Feuchte zur Sättigungsfeuchte, die *relative Luftfeuchtigkeit,* ausgedrückt in Prozent. Bleiben wir bei dem Beispiel von *4,5 g* Wasserdampf in 1 m³ Luft: Bei 0° wäre die relative Luftfeuchtigkeit = 94% (vergl. oben Sättigungsfeuchte: 100% bei 0° = 4,8 g), bei 10° = 48% (100% = 9,4 g), bei 20° = 26% (100% = 17,3 g) und bei 30° = 15% (100% = 30,4 g).

Beim nächsten Beispiel gehen wir davon aus, daß 15 g Wasserdampf in 1 m³ Luft gemessen worden sind. Bei 30° wäre dann die relative Luftfeuchtigkeit = 49%, bei 20° = 87%, und bei 10° wäre sie bereits über 100%, d. h. der Taupunkt wäre längst überschritten, die *Kondensation* (Verdichtung) hätte eingesetzt. Und solche Kondensationsprodukte sind Tau, Reif, Nebel und Wolken mit ihren verschiedenen Inhalten.

Die relative Luftfeuchtigkeit wird mit dem *Hygrometer* gemessen. Es hat als Hauptbestandteil ein langes, entfettetes Haar, das sich in feuchter Luft verlängert und in trockener verkürzt. Diese feine Veränderung wird auf einen Zeiger übertragen. Dieses Gerät ist jedoch nicht sehr zuverlässig und muß des öfteren justiert werden.

Eine bessere und genauere Möglichkeit ist die *Messung mit zwei Thermometern* (Abb. 21). Das eine dient zur Bestimmung der Lufttemperatur, das andere ist das sogenannte feuchte Thermometer, d. h. darunter hängt ein kleines Gefäß mit Wasser, aus dem heraus ein Mullappen um den Quecksilberknauf gewickelt wird. Bei dem nun einsetzenden Verdunstungsgrozeß wird Wärme verbraucht, die dem feuchten Thermometer entzogen wird. Die Folge ist, daß es um einige Grade tiefer anzeigt als das trockene. Je weniger Wasserdampf in der Luft, desto stärker verdunstet das Wasser und desto höher ist der Temperaturunterschied. Bei dichtem Nebel ist die Luft so mit Feuchtigkeit gesättigt, daß kein Wasser verdunstet und das trockene und feuchte Thermometer die gleiche Temperatur anzeigen.

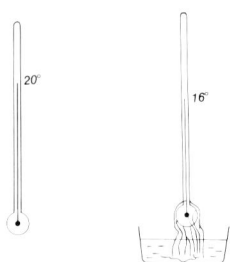

Abb. 21

Bei diesem Beispiel beträgt die Lufttemperatur 20°, das feuchte Thermometer zeigt 16°. Jetzt setze ich auf der *Psychrometertafel* auf S. 25 die Differenz von 4° bei Temperatur 20° ein und kann ablesen, daß die relative Luftfeuchtigkeit 66% beträgt.

Wie der *Tau* (und im Winter der Reif) entsteht, ist leicht zu erklären. Die absolute Luftfeuchtigkeit bleibt u. U. eine Zeitlang konstant. Wenn nun nachts die Temperatur um etliche Grade sinkt, wird die Sättigungsfeuchte entsprechend niedriger, die relative Luftfeuchtigkeit steigt auf über 100%, und das Kondensat Tau legt sich auf Gras und Sträucher. Auch der *Nebel* ist summierte Feuchte. Er kann durch das nächtliche Absinken der Temperatur den gleichen Ursprung haben wie der Tau. Dann würde er als Morgennebel durch die steigende Sonne schnell aufgelöst, und das Wetter würde gut werden. Bleibt er aber, deutet er darauf hin, daß die Luftfeuchtigkeit zunimmt und regnerisches Wetter zu erwarten ist.

Ebenso leicht ist die Bildung der *Wolken* erklärt. Wir erinnern uns, daß erwärmte Luft nach oben steigt. Je höher sie strömt, desto mehr kühlt sie sich ab. Ihre absolute Feuchte aber bleibt dieselbe. Durch die Abkühlung wird die Sättigungsfeuchte geringer, und die relative Feuchte nimmt zu, bis sie schließlich 100% erreicht. Steigt die Luft noch höher, kondensiert der Wasserdampf, und es bilden sich Wolken, deren Inhalte – je nach Dichte und Höhe – sehr verschieden sein können. Vielleicht sind es kleine Wassertröpfchen bis zu 0,6 mm Durchmesser, die nur langsam fallen (Sprühregen), oder es sind Tropfen bis zu 6 mm

Durchmesser, die durch ihre Schwere schneller fallen (starker Regen).

Psychrometertafel

Temperatur °C	absolute Feuchte	1°	2°	3°	4°	5°	6°	7°	8°	9°	10°
− 20	1,17										
− 15	1,6	55									
− 10	2,4	66	33								
− 9	2,5	68	37								
− 8	2,7	70	42								
− 7	3,0	72	45	18							
− 6	3,2	74	48	22							
− 5	3,4	75	51	28							
− 4	3,7	77	54	32							
− 3	3,9	78	57	36	16						
− 2	4,2	79	59	39	20						
− 1	4,5	80	61	43	24						
+ 0	4,8	81	63	46	28	12					
+ 1	5,2	83	65	49	32	16					
+ 2	5,6	84	68	52	36	21					
+ 3	6,0	84	69	54	39	25	10				
+ 4	5,6	85	70	56	42	28	15				
+ 5	6,8	86	72	58	45	32	19	6			
+ 6	7,3	86	73	60	47	35	23	10			
+ 7	7,8	87	74	61	49	37	26	14			
+ 8	8,3	87	75	63	51	40	28	18	7		
+ 9	8,8	88	76	64	53	42	31	21	11		
+ 10	9,4	88	76	65	54	44	34	24	14	4	
+ 11	10,0	88	77	66	56	46	36	26	17	8	
+ 12	10,7	89	78	68	57	48	38	29	20	11	
+ 13	11,4	89	79	69	59	49	40	31	23	14	6
+ 14	12,1	90	79	70	60	51	42	33	25	17	9
+ 15	12,9	90	80	70	61	52	44	36	27	19	12
+ 16	13,7	90	81	71	62	54	45	37	30	22	15
+ 17	14,5	90	81	72	63	55	47	39	32	24	17
+ 18	15,4	91	82	73	64	56	48	41	34	26	20
+ 19	16,3	91	82	74	65	57	50	42	35	28	22
+ 20	17,3	91	83	74	**66**	59	51	44	37	30	24
+ 21	18,4	91	83	75	67	60	52	46	39	32	25
+ 22	19,4	92	83	76	68	61	54	47	40	34	28
+ 23	20,6	92	84	76	69	61	55	48	42	35	29
+ 24	21,8	92	84	77	69	62	56	49	43	37	31
+ 25	23,1	92	84	77	70	63	57	50	44	38	33
+ 26	24,4	92	85	78	71	64	58	50	45	40	34
+ 27	25,8	92	85	78	71	65	58	52	46	41	35
+ 28	27,2	93	85	78	72	65	59	53	48	42	37
+ 29	28,8	93	86	79	72	66	60	54	49	43	38
+ 30	30,4	93	86	79	73	67	61	55	50	44	39

Bei Temperaturen unter 0°C gefriert der Wasserdampt zu kleinen Eisplättchen, um die sich weitere Eiskristalle gruppieren (Schnee), oder es entstehen kleine Eiskörner (Graupeln) oder gar Eisstücke (Hagel).

Umgekehrt ist es so, daß die Luft in einem Hoch von oben nach unten strömt und sich unter zunehmendem Druck erwärmt. Dadurch wird die Sättigungsfeuchte höher und die relative Feuchte geringer. Die Luft kann immer mehr Wasserdampf aufnehmen, so daß vorhandene Wolken aufgelöst werden. Die Folge ist ein klarer und wolkenloser Himmel.

Aus der Entstehungsgeschichte der Wolken ist abzuleiten, daß sie nicht nur mehr oder weniger hübsch den Himmel verzieren, sondern uns viel über die Entwicklung des Wetters verraten können. Aber darüber erfahren Sie mehr im nächsten Kapitel. Vorab mögen Ihnen einige nur sehr allgemein gültige Faustregeln genügen:

1. Wenn die Bewölkung insgesamt zunimmt, naht ein Tiefdruckgebiet.
2. Nimmt sie im ganzen gesehen ab, macht sich der Einfluß eines Hochs bemerkbar.
3. Vereinzelte, flache Haufenwolken sind Schönwetterwolken, die sich im Laufe eines warmen Sonnentages bilden können und bei Sonnenuntergang verschwunden sind.
4. Hohe Schäfchenwolken bedeuten ebenfalls schönes Wetter.
5. Wenn sich die Wolken zu grauen Schichten verdichten, hinter denen die Sonne nur als Aufhellung zu erkennen ist, nähert sich eine Warmfront, die Regen mit sich bringt.
6. Wenn hohe Windwolken schnell zunehmen, verkünden sie das Nahen eines Tiefs mit Sturm und Regen.
7. Sich hoch auftürmende Haufenwolken, die einem Amboß ähneln, deuten auf Gewitter und Unwetter hin.

Auf Wetterkarten erkennt man den Grad der Bewölkung daran, wie die Stationskreise — mehr oder weniger — schwarz ausgefüllt sind (Abb. 22).

○ wolkenlos

● wolkig
drei Viertel bedeckt

◖ heiter
ein Viertel bedeckt

◕ einzelne Wolkenlöcher
sieben Achtel bedeckt

◑ halb bedeckt

● ganz bedeckt

Abb. 22

Wolkenbilder und ihre Deutung

Die Wolken gehören mit zu den Wetteranzeichen, die bereits unsere Vorfahren — seit Jahrtausenden — zu deuten wußten. Auch heute zählen sie immer noch zu den wichtigsten Merkmalen, denn sie sind Vorboten, die dem Wetter vorauseilen. Früher bewertete man sie nach dem Erfahrungswissen, aber das ist uns, die wir nicht mehr so naturverbunden sind, längst abhanden gekommen. Heute können wir alle Wolkenarten benennen und einordnen, aber nur den Namen wissen und einordnen können ist noch keine entscheidende Hilfe bei Wetterprognosen. In diesem Kapitel wird der Versuch unternommen, bestimmte Wetterabläufe an Hand von Wolkenbildern sichtbar zu machen und Ihnen ein wenig die Augen zu öffnen für die Natur und „unser Wetter".

Zunächst gibt es drei „Etagen" innerhalb der Troposphäre (Abb. 23), in denen sich die verschiedenen Wolkenarten bewegen. Es muß hier eingeflochten werden, daß bestimmte Wolken – Perlmutter- und leuchtende Nachtwolken – 30 bis 70 km hoch sind und damit weit über die Troposphäre hinausreichen, aber für unser Wetter haben sie keine Bedeutung. Im „Parterre" bis zu 2500 m sind die niederen Wolken zu Hause. Das sind reine Wasserwolken mit Temperaturen von −10° bis über 0°. Darüber bis zu 6000 m liegen die mittelhohen Wolken, Mischwolken aus Wasser und Eis mit Temperaturen zwischen −10 und −30°. Und darüber bis zu 13 000 m liegen die hohen Wolken, reine Eiswolken mit Temperaturen von −30 bis −60°. Innerhalb der Stockwerke gibt es keine festen Grenzen, denn die Wolken sind sehr freizügig und dehnen sich nach unten und nach oben aus.

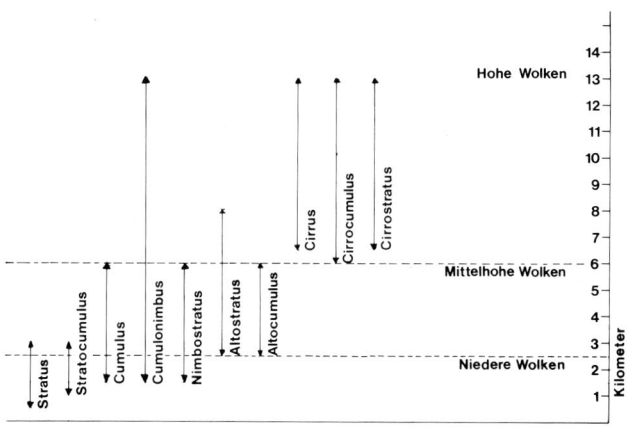

Abb. 23

Vom Standpunkt des Beobachters aus gibt es, so wie sie sich unserem Auge darbieten, drei *Wolkenklassen:* Cumuluswolken (cumulus = Haufen – Haufenwolken), Stratuswolken (stratus = ausgebreitet – Schichtwolken) und Cirruswolken (cirrus = Locke – Federwolken). Aus diesen drei Grundformen sind zehn *Arten* abzuleiten, die auf den folgenden Seiten im Bild dargestellt werden. Darüber hinaus gibt es noch viele Wolkenvarianten, von denen etliche im weiteren Verlauf, dort wo sie als Wetterhinweis nützlich sind, vorgestellt werden.　　**27**

▲ Abb. 24

Häufig präsentiert sich am Himmel eine Mischung mehrerer Wolkenarten – zumeist als Übergangsstadium im Wetterablauf. Es ist darum schwierig, die zehn Arten in aller Prägnanz zu fotografieren.

Jede der zehn Arten hat ihre besonderen Merkmale und Deutungen. Ich stelle sie Ihnen der Reihe nach – vom Erdgeschoß bis in die höchste Etage – in Bild und Wort vor:

1. Stratus = Schichtwolke (Abb. 24) (unter 2500 m)

Die niedrigste und gleichmäßigste Wolke, als Hochnebel die Berge bedeckend; bei großer Dichte kann Sprühregen aus dieser grauen, strukturlosen Wolkendecke fallen.

2. Stratocumulus = Haufenschichtwolke (Abb. 25) (2000–3000 m)

Anfänglich entstandene Haufenwolken sind zu einer niedrigen Wolkendecke zusammengewachsen; darunter bewegt sich eine größere, noch niedrigere Cumuluswolke; Regen ist daraus nicht zu erwarten, es sei denn, die Wolken verdichten sich zu einer gleichmäßig grauen Schicht.

3. Cumulus = Haufenwolke (Abb. 26) (2000–6000 m)

Die flachen, abgerundeten Quellwolken auf diesem Foto – auch Schönwetterwolken genannt – entstanden an einem schönen Sommertag aus aufsteigender Warmluft; im Laufe des Nachmittags verschwanden sie wieder; es gibt auch Haufenwolken, die sich viel höher ausdehnen – mit schneeweißen Blumenkohlköpfen und dunkler Unterkante, aber auch hieraus ist kaum Regen zu erwarten.

▲ Abb. 25　　　　　　　　　　　　　▼ Abb. 26

▲ Abb. 29

4. Cumulonimbus = Schauerwolke (Abb. 27) (2000–13 000 m)
Wenn Haufenwolken so stark an Ausdehnung und Höhe zunehmen,
daß sich dunkel und drohend an der Unterseite Böenwalzen (oder -kra-
gen) abheben, sind starke Regenfälle und Winde zu erwarten; hieraus
kann sich auch eine gefährliche Gewitterwolke entwickeln, die bis zu
10 km hoch sein und Amboßform annehmen kann; in den Tropen wird
sie bis zu 13 km hoch, weil dort die Tropopause entsprechend höher
liegt (s. S. 19).

5. Nimbostratus = Regenschichtwolke (Abb. 28) (2000–6000 m)
Typische Regenwolken, die den ganzen Himmel bedecken und – je
nach Höhe und Dichte – für Dauerregen sorgen.

6. Altostratus = mittelhohe Schichtwolke (Abb. 29) (2500–8000 m)
Diese Wolke ist gleichmäßig bleigrau und ohne Struktur; die Sonne ist
noch als undeutlicher, heller Fleck zu sehen; Altostratus ist der Anfang
eines Schlechtwettergebiets und somit ein Regenkünder. **31**

▲ Abb. 30

7. Altocumulus = mittelhohe Haufenschichtwolke (Abb. 30) (2500–7000 m)
Wegen der zumeist größeren Höhe (4000–6000 m) erscheinen die Wolkenballen wie parallele Walzen oder Wellen von gleichmäßiger Dikke; durch kleine Lücken ist blauer Himmel zu sehen; diese Wolken kündigen keinen Regen an.

8. Cirrus = Federwolke (Abb. 31) (6000–13 000 m)
Cirrus sind hohe Eiswolken, die sich zu Bänken, Bändern oder Haken formen; der Seemann spricht auch von „Windbäumen", weil sie ein herannahendes Tiefdruckgebiet mit starkem Wind oder Sturm ankündigen.

9. Cirrocumulus = hohe Schäfchenwolken (Abb. 32) (6000–13 000 m)
Diese kleinen weißen Bällchen in der oberen Bildhälfte überziehen fast nie den ganzen Himmel, sondern bilden sich – wie hier – am Rande eines Cirrostratus-Feldes (s. unten); sie sind nicht unbedingt Regenkünder wie die Cirruswolken, weil sie auf eine abgebremste Bewegung des Tiefs hinweisen, an dessen Rand sie auftreten.

▲ Abb. 31

▼ Abb. 32

▲ Abb. 33   ▼ Abb. 34

▲ Abb. 35

10. Cirrostratus = hohe Schleierwolke (Abb. 33) (6000–13 000 m)
Weite Teile des Himmels werden von einem hohen, dünnen Wolkenschleier bedeckt, der bei weiterer Zunahme und Verdichtung das Nahen eines Tiefs ankündigt (die niedrigen Cumuluswolken am unteren Bildrand haben nichts damit zu tun); manchmal sind die Schleierwolken so dünn, daß sie kaum wahrnehmbar sind; sie können eindrucksvolle Lichterscheinungen wie einen Halo (Hof um Sonne oder Mond), bunte Bögen oder Nebensonnen verursachen.
Außer diesen zehn Grundarten gibt es unzählige Wolkenbilder „dazwischen", deren Deutung oft schwierig ist und schon intensivere Übung voraussetzt. Einige zusätzliche Beispiele und Wetterabläufe sollen helfen, Ihr Wolkenverständnis zu vertiefen.
Abbildung 34 zeigt eine aufgetürmte Haufenwolke (Cumulus congestus), die wie ein Schiff vor dem Wind am Himmel entlangsegelt.
Daß ein steifer Wind weht, ist einmal zu erkennen an den zerfaserten Wolkenfetzen am oberen Bildrand und zum anderen an der glatten unteren Kondensationskante, die der waagerechte, gleichmäßige Wind so sauber abreißt. Der aufsteigende Luftstrom innerhalb der Wolke bewirkt das Hochquellen dieser hübschen, harmlosen Wolkenschiffe. Normalerweise lösen sie sich gegen Abend wieder auf.
Der obere Teil des nächsten Bildes (Abb. 35) zeigt eine mittelhohe dünne Schichtwolke (Altostratus translucidus). Links oben scheint verschwommen und grell die Sonne hindurch. **35**

▲ Abb. 36 ▼ Abb. 37

Darunter liegt ein dunkler Wolkenwulst, eine ausgeprägte Böenwalze, die in breiter Front auf den Betrachter zurollt. Sie bringt heftigen Wind und oft auch Regenschauer.

Das folgende Bild (Abb. 36) wirkt fast erschreckend. Dunkle Wolkenfetzen jagen an der Sonne vorbei und verdunkeln sie derart, daß man sie mit dem Mond verwechseln kann.

Unter die mittelhohe dichte, bleigraue Schichtwolke (Altostratus opacus) schieben sich vom Westen her (von rechts) eine Regenschichtwolke (Nimbostratus) und niedrige Wolkenfetzen (Fractonimbus), die bei stürmischem Wind in wirbelnder Bewegung rasch dahinziehen. Es sind kurze peitschende Regenschauer zu erwarten.

Der folgende, scheinbar chaotische Himmel (Abb. 37) hat durchaus seine Ordnung. Wir befinden uns im Zwischensektor eines „klassischen" Tiefs. Eine Regenfront, entstanden durch das Aufgleiten warmer Luft auf einen Kaltlufthang, ist nach Nordosten über uns hinweggezogen. Der Himmel ist vorübergehend aufgelockert, die Wolken sind vielschichtig und zerrissen, und es ist verhältnismäßig warm. Durch die obere Bildmitte verlaufen zwei Kondensstreifen, die sich immer mehr verbreitern. Bei ruhiger Hochdrucklage würden sie geradlinig am Himmel stehen und sich langsam auflösen, bei labilem Tiefdruckeinfluß wie in diesem Falle verbreitern sie sich zu cirrusähnlichen Wolken und kündigen wie diese Unruhe und Störungen an. Links im Südwesten liegt drohend und dunkel die Wolkenwand der Kaltfront (Cumulonimbus), **37**

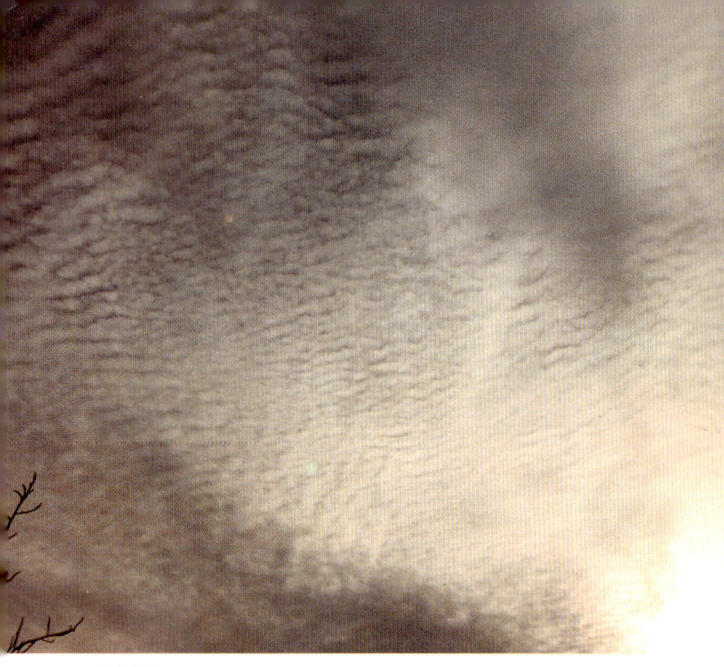

▲ Abb. 39

die uns bald überqueren wird. Waagerechte Böenkragen und die fast schwarze Färbung deuten an, was uns gleich erwartet: kalte, böige Winde, heftige Schauer, vielleicht auch Blitz und Donner.

Dagegen sieht Abbildung 38 viel friedlicher aus. Vor die Abendsonne schieben sich Haufenschichtwolken (Stratocumulus), die zwar recht dunkel wirken, die sich aber bis zum Sonnenuntergang weitgehend auflösen werden. Es sind Reste vom Schlechtwetter, das sich nachmittags nach Osten verzogen hat. Am oberen Bildrand sind hohe Schäfchenwolken (Cirrocumulus) zu erkennen. Sie bilden sich am Rande von Cirrostratusfeldern, die sich in der Auflösung befinden. Regen verkünden sie nicht, eher besseres Wetter.

Die hohe und in dieser Geschlossenheit seltene Schäfchenwolkendecke (Abb. 39) (Cirrocumulus) sieht aus wie eine gerippte Wattlandschaft. Sie ist etwa 6000 bis 7000 m hoch. Die tiefstehende Abendsonne bringt sie zum Leuchten. Darunter ziehen vereinzelt Wolkenschleier vorbei und nehmen etwas von ihrem Glanz.

Kurze Zeit später (Abb. 40) haben sich noch mehr Schleierwolken (Cirrostratus) vor die Sonne geschoben und den Himmel in ein fahles Licht getaucht. Am rechten Bildrand setzt langsam die Abenddämmerung ein.

An einem sonnigen Oktobertag ziehen, wie hingetupft, vom Westen her hohe, faserige Eiswolken auf (Cirrus fibratus, Abb. 41). Sie werden

▲ Abb. 40   ▼ Abb. 41

▲ Abb. 42

auch Federwolken genannt. Im allgemeinen verkünden sie Schlechtwetter.

Die Wolken verdichten sich zu einem hohen Wolkenschleier (Cirrostratus). Rechts sind noch duftige Federwolken zu sehen, während sich am linken Bildrand ein zusammenhängender grauer Schleier ausbreitet (Abb. 42).

Eine halbe Stunde später (Abb. 43) hat sich in der Ferne eine Schauerwolke (Cumulonimbus) aufgebaut, die sich immer weiter vorschiebt. Am oberen Bildrand wird das letzte Blau von den Cirruswolken überdeckt.

15 Minuten danach (Abb. 44) hat uns die dunkle und drohende Schauerwolke (Cumulonimbus) fast erreicht. Auch der waagerechte Böenkragen über dem Horizont schiebt sich stetig näher. Bis zu den ersten Windböen wird es noch etwas dauern, aber der Regen steht unmittelbar **40** bevor.

▲ Abb. 43

▼ Abb. 44

▲ Abb. 45

Die nächsten drei Fotos (Abb. 45, 46, 47), in Stundenabständen an einem Septembermittag im Flachland Schleswig-Holsteins aufgenommen, zeigen das Aufziehen einer Schlechtwetterfront.

Die scheinbar harmlosen Cumuluswolken auf dem ersten Bild segeln nicht ruhig dahin, sondern werden, teilweise zerfasert und teilweise schon dunkel und trächtig an der Unterseite, vom kräftigen Westwind getrieben.

Auf dem zweiten Bild sind die Wolken bis auf einen schmalen Streifen im Vordergrund zu einer Stratocumulus-Decke zusammengewachsen. Die dunklen Unterseiten verbreitern sich. Am Horizont bildet sich eine flache Windwalze.

Die Windwalze mit zwei waagerechten Böenkragen hat uns bald erreicht. Das Wolkenloch davor läßt noch einmal die Sonne durchscheinen. Sturm und Regen stehen unmittelbar bevor.

▲ Abb. 46

▼ Abb. 47

▲ Abb. 50

Um den folgenden Wetterablauf (Abb. 48–53) besser verstehen zu können, sollte man vorweglesen, was auf S. 48 ff. über das „klassische" von West nach Ost ziehende Tief geschrieben ist.

Hohe Cirruswolken verkünden Wetterverschlechterung (Abb. 48). Darunter schieben sich bereits milchige Schleierwolken (Altostratus), die sich immer mehr verdichten.

Aus einem anderen Blickwinkel (Abb. 49) ist der Aufgleitvorgang warmer Luft auf einen Kaltlufthang gut zu erkennen. Aus den Schleierwolken sind dunkle Regenwolken (Nimbostratus) geworden. Niederschläge in Form von Landregen stehen bevor.

Die Regenfront mit dem Landregen hat uns überquert (Abb. 50) und zieht nach Nordosten ab. Durch die Sonne im Südwesten, die kurz durch ein Wolkenloch scheint, entsteht ein Regenbogen. **45**

▲ Abb. 51   ▼ Abb. 52

▲ Abb. 53

Der Abriß zwischen der warmen Regenfront und der dunklen Kaltfront wird hier besonders deutlich (Abb. 51). Solche kurzen Aufhellungen wie dieses Wolkenloch sind typisch unmittelbar vor dem Unwetter, das von Westen aufzieht.

Die gewaltige Cumulonimbus-Wolke entlädt sich. Man erkennt den Platzregen und die Niederschlagsgrenze an den Regenstreifen am Horizont und den böigen Wind an den leewärts gekippten Bäumen (Abb. 52).

Eine gute Stunde später (Abb. 53) gibt es diese Aufheiterung im Rückseitenwetter der Zyklone. Der nach der Kaltfront einsetzende Hochdruckeinfluß kann von Dauer, kann aber auch nur eine kurze Unterbrechung weiterer Tiefdrucktätigkeit sein. Da befrage man am besten das Barometer oder auch die in den Medien angekündigte Großwetterlage. **47**

Eine Auflistung der wichtigsten lateinischen Wolkennamen mit Abkürzungen, soweit sie in diesem Buch vorkommen, schließt dieses Kapitel ab. Wer alle Wolkenbezeichnungen wissen möchte, lasse sich die „Wolkentafel für Wetterbeobachter auf See" vom Seewetteramt Hamburg schicken (Adresse s. S. 56).

Die 10 Wolkenarten
Stratus (St) = Schichtwolke
Stratocumulus (Sc) = Haufenschichtwolke
Cumulus (Cu) = Haufenwolke
Cumulonimbus (Cb) = Schauerwolke
Nimbostratus (Ns) = Regenschichtwolke
Altostratus (As) = mittelhohe Schichtwolke
Altocumulus (Ac) = mittelhohe Haufenschichtwolke
Cirrus (Ci) = Federwolke
Cirrocumulus (Cc) = hohe Schäfchenwolke
Cirrostratus (Cs) = hohe Schleierwolke

Einige wichtige Unterteilungen
calvus (cal) = kahl (nicht faserig)
capillatus (cap) = faserig, behaart
congestus (con) = aufquellend
fibratus (fib) = faserig
fractus (fra) = zerrissen
humilis (hum) = flach, wenig entwickelt
lenticularis (len) = linsenförmig
opacus (op) = nicht durchscheinend
translucidus (tr) = durchscheinend
uncinus (unc) = haken-, krallenförmig

„Klassisches" Tief und Gewitter

Wir werden jetzt ein „*klassisches*" von West nach Ost ziehendes *Tief* in unseren Breiten mit allen Durchgangserscheinungen beobachten. Auf der Wetterkarte würde es etwa so aussehen (Abb. 54, siehe auch Anhang: Wetterkartenzeichen, Lehr-Wetterkarte):
Sie sehen den Kampf der beiden verschiedenen Luftmassen – Warmluft aus dem Süden und Kaltluft aus dem Norden – um die Vormachtstellung, wobei das Ende des Kampfes immer gleich und somit gesetzmäßig und voraussehbar ist. Wenn die aus südlichen Richtungen heranströmende Warmluft auf ruhende, schwerere Kaltluft stößt, gleitet sie schräg hinauf auf den „Kaltlufthang". Man spricht auch vom *Aufgleitvorgang*.

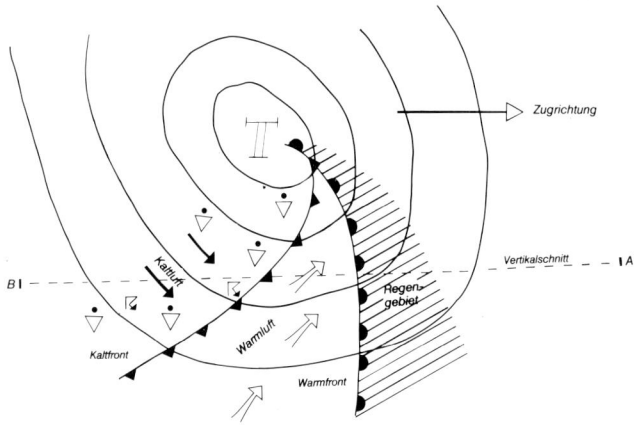

Abb. 54

Je höher die Warmluft steigt, desto kälter und relativ feuchter wird sie. Für uns, die wir das herannahende Tief beobachten, zeigt sich auf der Vorderseite der Zyklone die Wetterentwicklung so: Temperaturanstieg – auffrischende südliche Winde – hohe Federwolken, auch Windwolken genannt (Cirrus) – fallender Luftdruck – milchige Schleierwolken (Altostratus) – Wolken verdichten sich, hängen tiefer und werden dunkler (Nimbostratus) – Beginn der Niederschläge, oft lang andauernder Landregen (Abb. 55).

Wenn die Regenfront uns überquert hat, folgt der warme Sektor zwischen Warm- und Kaltfront. Das Gesamtwolkenbild zeigt häufig Aufhellungen und sogar Auflockerungen. Es ist weiterhin warm, oft schwül. Manchmal ist es diesig, und eventuell fällt Sprühregen. Im Westen lagert bereits drohend die Wolkenwand der Kaltfront. Wie es zu dieser gefährlichen Wolkenwand kommt, ist in Abb. 56 dargestellt.

Abb. 55

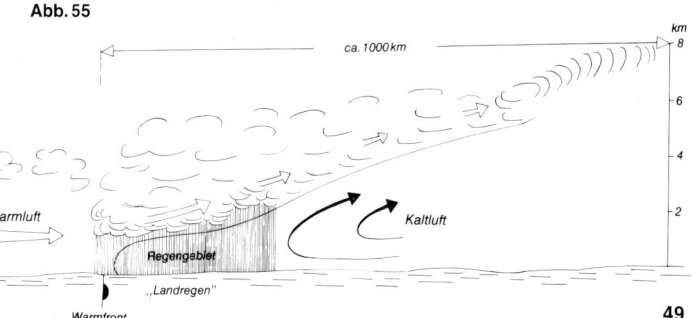

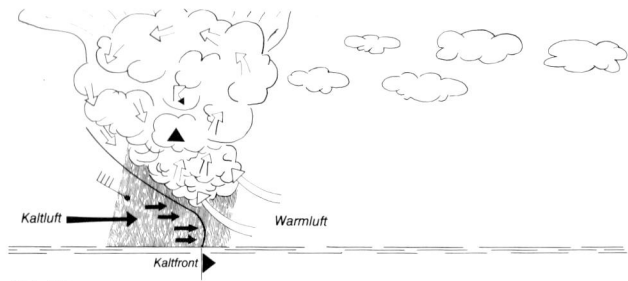

Abb. 56

Die schwerere, von Norden einströmende Kaltluft wühlt sich unter die ruhende, leichtere Warmluft und hebt sie viele Kilometer hoch. Man spricht auch vom *Einbruchsvorgang*. Es entstehen mächtige, sich auftürmende Haufenwolken, die zumindest Schauer, wenn nicht gar Sturmböen, Hagel und Gewitter bedeuten.

Nachdem die Kaltfront unseren Standort erreicht hat, dreht der Wind schlagartig nach Nordwesten. Es wird kalt und böig, die See geht steil, die Sicht ist schlecht. Von oben kommt das, was eben angedeutet wurde: heftige Schauer, vielleicht auch Hagel, Blitz und Donner!

Auf der Rückseite der Kaltfront reißt die Bewölkung wieder auf, die Sicht wird besser, der Wind flaut ab, der Luftdruck steigt. Das Tief hat uns — von West nach Ost ziehend — überquert.

Der abschließende Vertikalschnitt (Abb. 57) durch unser „klassisches" Tief faßt noch einmal den gesamten Wetterablauf zusammen.

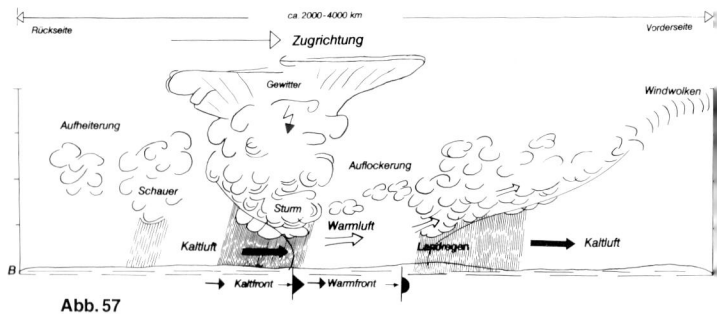

Abb. 57

Mit zu den gewaltigsten Naturerscheinungen zählt das *Gewitter*. Für seine Entstehung gibt es zwei Ursachen: Wenn beim Einbruchsvorgang (s. oben) über die gesamte Front hinweg die Quellbewölkung sich bis zur 6–10 km hohen Gewitterwolke hochschiebt, spricht man vom **50** *Frontgewitter*, das weder an Tages- noch an Jahreszeiten gebunden ist.

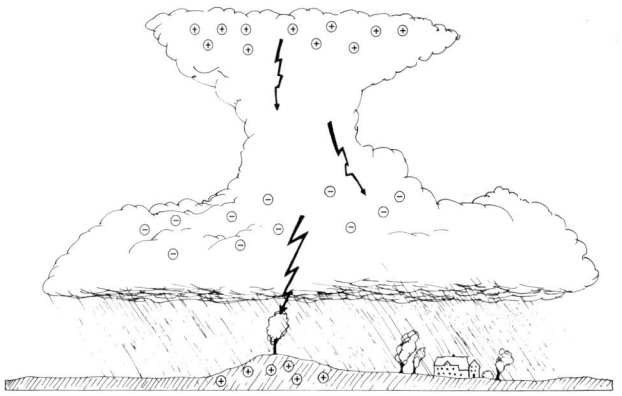

Abb. 58

Wenn aber an einem schwülen, heißen Sommertag die Luft sich so stark erhitzt, daß eine blumenkohlartige Haufenwolke rasant nach oben quillt, entwickelt sich ein *Wärmegewitter*. Aus der Cumuluswolke wird ein Cumulusturm, der nach oben klar begrenzt ist und wie ein Amboß aussieht. Er stößt an die Tropopause wie gegen eine Decke, kann sie nicht zur Stratosphäre hin durchdringen und dehnt sich nach den Seiten aus. Seine Kondensationen – im oberen Bereich Eiskristalle, im unteren Regentropfen – sind entgegengesetzt elektrisch aufgeladen. Je höher nun die Wolke steigt, desto größer wird der Spannungsunterschied, bis es schließlich zwischen den verschieden geladenen Schichten unter gewaltiger Stromstärke zu Entladungen – eben Blitzen – kommt (Abb. 58). Zu unterscheiden sind Linien-, Flächen- und Kugelblitze, wobei der Linienblitz – oft mehrere Kilometer lang – die häufigste und gefährlichste Art ist.

Zunächst verlaufen die Blitze von Wolke zu Wolke, bis sie dann überspringen zur Erde und dort „einschlagen", wobei sie gewöhnlich vom höchsten Objekt angezogen werden.

Der Donner entsteht dadurch, daß der Blitz die Luft explosionsartig auseinanderreißt. Für uns ist er eine gute Hilfe, die Entfernung des Gewitters zu messen. Wir erinnern uns, daß die Schallgeschwindigkeit 330 m/sec beträgt. Jetzt brauchen wir nur zwischen Blitz und Donner zu zählen (21, 22, 23 ...), und wir haben den Zeitunterschied in Sekunden. Wenn wir diese Zahl durch 3 teilen, wissen wir die Entfernung des Gewitters in Kilometern und können uns eventuell noch davor in Sicherheit bringen. Wichtig ist in diesem Zusammenhang auch der Hinweis, daß Gewitter in der Regel von West nach Ost ziehen. Das heißt, daß eine im Osten stehende Gewitterwand normalerweise keine Gefahr bringen wird, wohl aber eine im Westen stehende. Je nach Ausmaß kann sie schwere, gefährliche Fallböen und starke Wolkenbrüche mit Hagel, Blitz und Donner mit sich bringen. **51**

Sportbootfahrer und Wetter

Es gibt kaum jemanden, der das Wetter hautnäher erlebt als Segler und Motorbootfahrer. Und es gibt auch kaum jemanden, der sich mehr der oft gefahrvollen Eigenwilligkeit und -gesetzlichkeit des Wetters aussetzt. Alles, was bisher gesagt wurde über das Zusammenwirken der meteorologischen Elemente und speziell über die Wolken, war besonders auch für diese wichtig. Aber es gibt noch einiges mehr, was für die Belange der Sportbootfahrer von Bedeutung ist.

Häufig ergeben sich örtliche Luftdruck- und Windverhältnisse, die Küstenskipper sicher kennen. Sie entstehen ähnlich wie das planetarische Windsystem (s. S. 19), allerdings in Kleinausgabe und örtlich sehr begrenzt. Wenn die Großwetterlage nicht anders dominiert und es ein normaler, schöner Tag ist, wird die tagsüber von der Sonne angeheizte Luft über Land leichter, steigt nach oben und vermindert den Luftdruck. In dieses stundenweise thermische Tief strömt die Luft vom Meer aus – als *Seewind* – waagerecht hinein, zieht über der Landmasse nach oben, strömt in großer Höhe Richtung Meer, sinkt weit entfernt wieder nach unten und bildet dort über dem Meer ein stundenweises Hochdruckgebiet (Abb. 59).

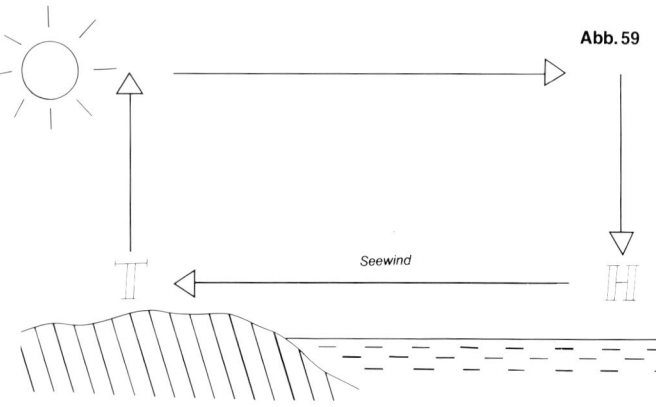

Abb. 59

Seewind

Wenn nach Sonnenuntergang die Luftmassen über der Erde stärker abkühlen als über dem Meer, sinken sie nach unten und erhöhen somit den Luftdruck. Nun strömt die Luft vom Hoch in Richtung Meer, und der Kreislauf geht andersherum (Abb. 60). Bei größeren Temperaturunterschieden kann der nun einsetzende *Landwind* so heftig werden, daß er Badende und Angler mit Luftmatratzen und Schlauchbooten aufs Meer hinaustreibt und aufs äußerste gefährdet. Auch ungeübte Surfer sollten sich am späten Nachmittag nicht mehr auf das offene Meer wagen. Ihre Übungsreviere sollten kleine Seen sein, wo man immer wieder ans rettende Ufer kommt.

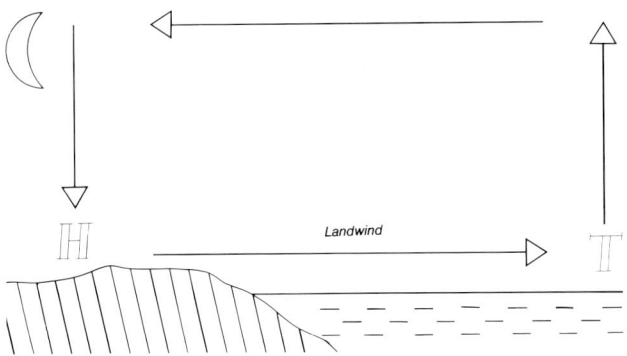

Abb. 60

Der „haushohe" *Seegang*, den so manche erlebten, ist meistens eine
gelinde Übertreibung. Haushohe Wellen gibt es kaum — zumindest
nicht in unseren Gewässern. Wenn man eine Welle beschreiben will,
braucht man drei Angaben: Wellenlänge, Wellenhöhe und Wellenperiode. Die Wellenperiode ist die Zeit, die — etwa beim Passieren einer
Boje — zwischen zwei Wellenbergen liegt. Wellenlänge und Wellenhöhe
sind aus Abbildung 61 ersichtlich.

Abb. 61

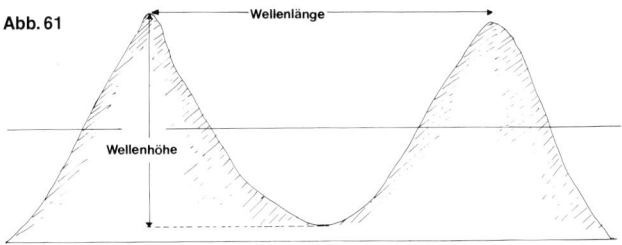

Sehr unangenehm sind die Kabbelwellen bei mittleren Windstärken. Je
stärker der Wind wird, desto mehr wächst die Wellenlänge im Verhältnis
zur Wellenhöhe. Beim Orkan ist die Geschwindigkeit der Wellen sehr
hoch (s. unten), die Aufprallwucht ist von unvorstellbarer Gewalt. In unseren Meeren rundum sind folgende Maximalwerte gemessen worden:

	Wellenlänge in m	Wellenhöhe in m	Wellenperiode in sec
Ostsee	60 – 75	4	7 – 8
Nordsee	180 – 220	7 – 8	10 – 12
Nordatlantik	260	16 – 18	13 (72 km/h!)

53

Wellen entstehen zwar immer durch Wind (abgesehen von vorbeifahrenden Schiffen oder Erd- und Seebeben und dergl.), aber Sie alle haben schon Wellen bei Windstille erlebt. Ursache dafür ist ein Sturm, der in entsprechender Entfernung die Wellen aufwirft, die nun an unserem Ufer auslaufen. Das ist *Dünung* im Gegensatz zur *Windsee*, die unmittelbar vom Wind aufgeworfen wird.

Ein Kennzeichen feuchter Meeresluft ist der *Dunst*. Diese erste Trübung der Sicht ist bereits die Vorstufe zur Kondensation des Wasserdampfes. Sinkt die Sicht unter 1000 m, ist aus dem Dunst *Nebel* geworden. Es kommt zur Nebelbildung, wenn

1. kalte Luft über wärmeres Wasser,
2. warme Luft über kälteres Wasser streicht oder
3. kalte Luft sich mit feuchtwarmer Luft mischt.

Der Küstennebel ist um so dichter, je größer der Temperaturunterschied zwischen Luft und Wasser isl. Er entsteht besonders im Frühjahr und Herbst, wenn entweder wärmere Luftmassen übers kalte Meer strömen oder die frische Seebrise sich mit der feuchtwarmen Luft über Land mischt.

Eine für Segler und Surfer besonders unangenehme Erscheinung ist der *umlaufende Wind.* Ist er lediglich rechtdrehend (rechts herum) oder rückdrehend (links herum), kann man ihn taxieren und in etwa berechnen. Wenn er aber springt, entwickelt er sich zum Ärgernis und oft auch zu einer Gefahr.

Die wechselnden Winde hängen zusammen mit der Struktur der Küste (Buchten, Landzungen, Halbinseln) und ihrer Beschaffenheit (Wälder, Äcker, Seen, Hügel). Diese verschiedenen thermischen Einflüsse verursachen sehr verschiedenartige Windbewegungen auf engem Raum. Oder es ist ganz einfach das Umspringen vom See- zum Landwind oder umgekehrt (s. S. 52).

Das konstante und somit berechenbare Recht- und Rückdrehen des Windes hängt davon ab, ob der Kern einer Zyklone nördlich oder südlich von meiner Position vorbeizieht.

Treibt der Kern eines Tiefdruckgebiets nördlich von mir von West nach Ost (Abb. 62), dann ist der Wind *rechtdrehend*.

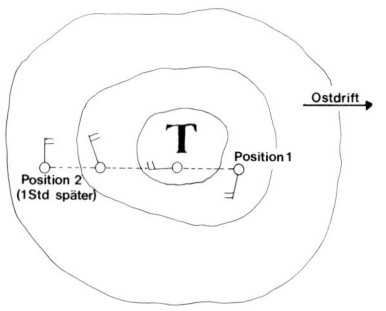

Der Wind geht innerhalb kurzer Zeit (vielleicht in einer Stunde) von Südwest über West und Nordwest nach Nord, also rechtdrehend.

Abb. 62

Zieht der Kern eines Tiefs südlich vorbei (Abb. 63), haben wir *rückdrehenden* Wind.

Der Wind geht von Südost über Ost nach Nordost, also rückdrehend.

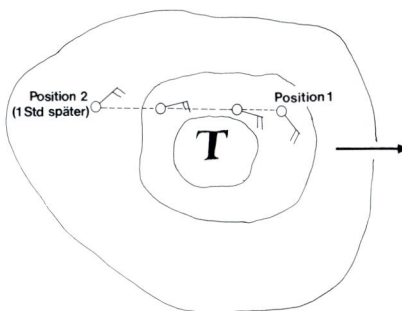

Abb. 63

Bis Ende 1982 gab es an den deutschen Küsten einen besonderen optischen Sturmwarndienst. Das waren entlang der Ost- und Nordseeküste insgesamt 32 Sturmwarnstellen mit weithin sichtbaren Masten, an denen bei Windwarnung (Windstärke 6–7) und Sturmwarnung (ab Windstärke 8) schwarze Bälle oder Kegel und bei Nacht bestimmte Lichter hochgezogen wurden. Seit dem 1.1.1983 ist dieser Sturmwarndienst – und ebenso der Aushang der Sturmwarnung bei den Hafenmeistereien – eingestellt worden. Heute beschränkt man sich auf die Windvorhersage im Rundfunk. Der Seemeteorologische Dienst erstellt die Vorhersage und leitet sie an den Rundfunk weiter, wo sie am Ende des Nachrichtendienstes, etwa fünf Minuten nach jeder vollen Stunde, im Rahmen der Wettervorhersage durchgegeben wird.

Der Rundfunk der DDR gibt über den Deutschlandsender für die gesamte Ostsee ähnliche Seewetterberichte heraus. Eine ausführliche Darstellung der Wetterlage über der Nordsee kann man von BBC London einholen. Um in internationalen Gewässern mit Wetterberichten zurechtzukommen, sollte man sein Schulenglisch etwas auffrischen und sich die wichtigsten Begriffe einprägen:

Die Windstärken nach Beaufort:

0 = calm	7 = near gale
1 = light air	8 = gale
2 = light breeze	9 = strong gale
3 = gentle breeze	10 = storm
4 = moderate breeze	11 = violent storm
5 = fresh breeze	12 = hurricane
6 = strong breeze	

Dazu braucht man vielleicht noch folgende Vokabeln:

continuous – anhaltend	moderate – mäßig, mild
cyclonic – wirbelartig	occasional – gelegentlich
drizzle – Niesel	showers – Schauer
fog patches – Nebelbänke	squalls – Böen
gale warning – Sturmwarnung	thunder – Gewitter

Wer sich mehr mit dem Seewetterdienst befassen möchte, wende sich mit allen weiterführenden Fragen an den

Deutschen Seewetterdienst – Seewetteramt
Bernhard-Nocht-Straße 76
2000 Hamburg 4, Tel. 040 / 31 90 85 58

Sie können von dort auch, für monatlich DM 12,10, die tägliche „Wetterkarte des Seewetteramtes" per Post beziehen (fünfmal wöchentlich). Vielleicht sollten Sie sich auch die mehrseitige Broschüre „Seewetterdienst und maritime Meteorologie" zuschicken lassen. Darin finden Sie die Auflistung der für die Schiffahrt wichtigen Wetterberichte mit den Sendezeiten, Frequenzen und Vorhersagegebieten der Küstenfunkstellen Norddeich Radio, Quickborn, Kiel Radio und der Sender Deutschlandfunk, Norddeutscher Rundfunk und Radio Bremen. Außerdem finden Sie darin Hinweise auf Nebelnachrichten, Warndienst und anderes mehr.

Der Fernsprechansagedienst ermöglicht das Erfragen des Wetterberichts für Norddeutschland mit der Wetter- und Windvorhersage für das deutsche Seegebiet und einigen Stationsmeldungen. Die Rufnummer von den meisten Küstenorten aus ist 11 64 oder 01 1 64.

Alpenwetter – manchmal anders

Eines steht fest, der Norden Deutschlands wird häufiger von Tiefdruckgebieten heimgesucht als der Süden. Dies liegt daran, daß innerhalb Europas die nördlichen Breiten zyklonenträchtiger sind und Tiefdruckgebiete vorzugsweise über große Wasserflächen ziehen und Festland und Gebirge meiden. Die begleitende Kaltfront läßt die Norddeutschen oft voller Neid nach Süden blicken, obwohl sie manchmal gar keinen Grund hätten, neidisch zu sein.

Die Großwetterlage wird über weite Zeitspannen geprägt vom sich immer wieder aufbauenden Azorenhoch einerseits und Tief über dem nördlichen Atlantik andererseits. Diese beiden Zentren bzw. deren Keile und Ausläufer beeinflussen durchweg das Wetter in Europa: Hochdruckeinfluß im Süden – Tiefdruck im Norden. Dazwischen liegen die Alpen – oft als Barriere und Wetterscheide. Ihre Wetterwirksamkeit wäre noch größer, wenn sich die hohe Bergkette von Norden nach Süden erstrecken würde und nicht längs der Hauptwindrichtung. Trotzdem gibt es – neben vielen lokalen Gegebenheiten – zwei weiträumige Besonderheiten, die das Alpen- bzw. Voralpenwetter nachhaltig beeinflussen.

Eine sehr triste und deprimierende Erscheinung ist der Alpenstau. Fast jeder Tiefausläufer aus Nordwesten bleibt mit seinen Wolken an den nördlichen Gipfeln hängen, und es regnet unter Umständen tagelang („Schnürlregen" im Salzburger Land, 2000–3000 Liter pro Quadratmeter im Jahr), – während die Hamburger im Rücken des Tiefs schon lange wieder heiteres Wetter genießen.

Das schlimmste Regengebiet im Alpenraum sind die französischen Voralpen, deren Luvseite den feuchten Westwinden voll ausgesetzt ist. Hier fallen etwa 4000 Liter pro Quadratmeter und Jahr. Im Gegensatz dazu gibt es auf der Leeseite ausgesprochene Trockentäler, wo kaum mehr als 600 Liter jährlich fallen, z. B. Aostatal, Engadin, Pustertal und Südkärnten.

Das bekannteste Klimaphänomen in den Alpen ist jedoch der *Föhn*. Es gibt ihn nicht nur hier, sondern in der ganzen Welt, überall, wo Transgebirgswinde auftreten. Hier ist es besonders der Südföhn, der sich massiv und unangenehm auf das Wohlbefinden der Menschen auswirkt. Viele sind müde oder überreizt, und die Anfälligkeit für Herzattacken und Kreislaufkollapse nimmt zu. Es geht zum Teil sogar so weit, daß man bei extremer Föhnwetterlage in den Krankenhäusern der betroffenen Gebiete von schwierigen Operationen Abstand nimmt.

Voraussetzung für den Südföhn ist ein Hochdruckgebiet im Südosten Europas (etwa Balkan) und ein Tiefdruckgebiet im Nordwesten (etwa Großbritannien). Die feucht-warme südliche Luftströmung muß die Alpenbarriere übersteigen. Dabei kommt es in den Südalpen zu einem Stau mit den bereits bekannten Erscheinungen: durch das Hochgleiten fortlaufende Abkühlung der Luft (ca. um 1 Grad bei 100 m), Wolkenbildung bis zum Sättigungsgrad, Abregnen in Norditalien (Abb. 64).

Abb. 64

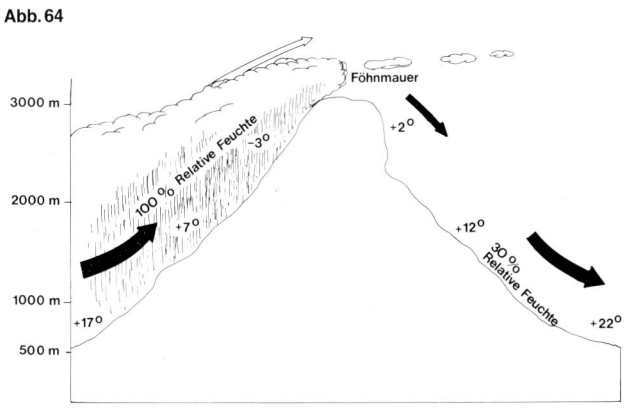

Dem „ausgewrungenen" Wind wird durch die Kondensation zusätzliche Wärme zugeführt, so daß die Temperatur am Nordalpenrand um etwa 5 Grad höher liegt als in der gleichen Höhenlage am Südalpenrand. Der Wind streicht trocken und warm – oft als stürmischer Fallwind – ins nördliche Voralpenland. Die Wolken am Kamm wirken wie abgerissen (Föhnmauer oder -walze), die Luft ist klar und bringt außerordentlich gute Sicht. Umgekehrt, aber viel seltener, gibt es auch den Nordföhn mit der Staulage in den Nordalpen. Der Wind wird trotz föhniger Erwärmung in Norditalien nicht als warm, sondern eher als kühl empfunden, weil die Ausgangstemperatur nördlich der Alpen um einiges tiefer liegt als etwa am Gardasee.

Die Gebirgsbewohner sind noch mit anderen lokalen Winden vertraut. In langen, tiefen Tälern weht häufig ein gleichbleibender Wind – besonders, wenn sie sich in der West-Ost-Richtung erstrecken. Er verstärkt sich tagsüber, und je enger das Tal zum Ende hin wird, desto heftiger wird er. Zeugen seiner Kraft sind deformierte Bäume, die entweder an den Boden gepreßt sind oder deren Äste zur Windseite verkrüppelt und zur anderen bizarr verdreht sind.

Eine weitere Besonderheit ist der *Tal- und Bergwind* (ähnlich wie der See- und Landwind, s. S. 52). Er entsteht dadurch, daß die Luftmassen in den Tälern und an den schrägen Hängen tagsüber von der Sonne erwärmt werden und als Talwind den Berg hinaufsteigen. In der Nacht kühlen die Luftmassen über den Bergen ab, fließen talwärts und bilden den bis in den Vormittag hinein anhaltenden Bergwind (Abb. 65).

Abb. 65

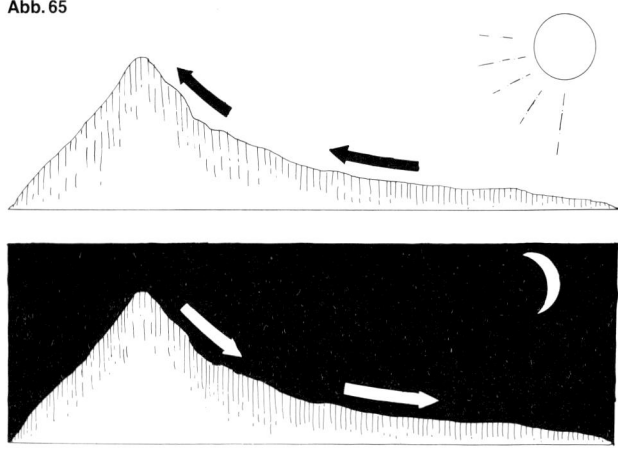

Es gibt wohl kein Gebiet in Europa, wo das regionale Wettergeschehen mehr von der Norm abweicht als in den Alpen. Mit dem sonst recht zuverlässigen Barometer fängt es an. Wenn wir es vom flachen Norden mit ins Gebirge nehmen, stellen wir erst einmal fest, daß der Luftdruck scheinbar in den Keller gefallen ist. Das liegt an der Abnahme des Luftdrucks mit zunehmender Höhe (um 1 mb je 8 m).

Das Justieren mittels der Stellschraube ist kein Problem. Aber dann staunen wir darüber, daß bei regionalen Wettergegebenheiten, die von Tal zu Tal verschieden sein können, das Barometer beispielsweise, ohne zu lügen, 1025 mb anzeigt und es dabei stundenlang regnet. Oder es zeigt 995 mb, und die Sonne scheint. Um das Wetter für den Tag voraussagen zu können, muß man die Tendenz, das langsame oder schnelle Steigen und Fallen des Luftdrucks beobachten. Zugegeben – das Barometer im Flachland hat es leichter, seinem Ruf als Wetterprophet gerecht zu werden.

Wenn man sich vom Tal aufmachen will, in den Bergen zu wandern oder zu klettern, ist eine vorherige Wetterbeobachtung meistens schwierig. Man sieht nur bis zum nächsten Berg – und nicht, was sich dahinter zusammenbraut. Da ist es zweckmäßig, außer regionale Wetterberichte wetterkundige Einheimische, wie Bergbauern und Hüttenwirte, zu fragen. Sie kennen ihre Wetterecken und können ihre Zeichen deuten:

Schlechtwetter kommt (fast) immer vom Talschluß im Westen
Flaumige Schäfchenwolken oder Zacken (Cirruswolken) bedeuten Wetterumschwung
Gelblich gefärbte Wolken bedeuten Hagel
Nebel über bestimmten Bergen meldet Schlechtwetter
Morgenregen kommt im Tal neunmal z'wegen (d.h. es regnet den ganzen Tag)
Wenn es tagsüber diesig ist, wird das Wetter schlecht
Ist es nur abends diesig, hält das Wetter
Sind die Berge zum Greifen nah, kündigt sich Regen an
Ein kleines Wölkchen am Gletscher am Morgen zeigt Nachmittagsgewitter an
Liegt auf dem Gletscher dichter Nebel, ändert sich das Wetter
Kommt das Wild tief ins Tal, gibt es einen Wettersturz (im Herbst bedeutet es Schnee)
Gehen die Hühner früh schlafen, wird es am nächsten Tag schön; gehen sie spät und widerwillig, gibt es Schlechtwetter

Diese und ähnliche Deutungen sind Erfahrungswerte der Einheimischen, über die man kaum streiten kann.

Nicht ganz unstrittig sind die alten *Bauernregeln* von Wetter und Ernte, in denen sich jahrhundertealte Erfahrungen widerspiegeln. Sie treffen sicher nicht immer zu, aber Prüfungen haben ergeben, daß viele dieser Regeln mit den meteorologischen Erkenntnissen übereinstimmen. Im Alpenraum gibt es etliche Bauernkalender, die Ausdruck heimatlichen Brauchtums sind und in denen man u. a. alte Bauernregeln finden kann. Im Laufe eines Jahres sind es etwa 30 besondere Daten, sogenannte

Lostage, die als sehr bedeutsam für das Wetter angesehen werden. So gibt es also außer den mehr allgemeinen Bauernregeln besondere Lostagsregeln.

Hier eine kleine Auswahl:

Bauernregeln:

Tanzen im Jänner die Mucken, muß der Bauer nach Futter gucken
Bringt der April viel Regen, so deutet er auf Segen
Regen im Mai bringt für das ganze Jahr Brot und Heu
Wenn im Juni Nordwind weht, kommt Gewitter oft recht spät
Juli Sonnenbrand, gut für Stadt und Land;
Juliregen nimmt den Erntesegen
Der Tau ist dem August so not, wie jedermann sein täglich Brot
Ist im Oktober das Wetter hell, bringt es her den Winter schnell
Schneit's im Oktober gleich, dann wird der Winter weich
Hängt das Laub bis November hinein, wird der Winter ein langer sein
Grünen am Christtag Feld und Wiesen, wird sie zu Ostern Frost verschließen.

Lostagsregeln:

1. Januar: Morgenrot am ersten Tag Unwetter bringt und große Plag'
2. Februar: Ist's an Lichtmeß hell und rein, wird ein langer Winter sein; wenn es aber stürmt und schneit, ist der Frühling nicht mehr weit
10. März: Wenn es am Tag der 40 Märtyrer gefriert, so gefriert es noch 40 Nächte
25. Mai: Wie sich's am St. Urban verhält, so ist's noch 20 Tage bestellt
27. Juni: Regen am Siebenschläfertag, regnet's noch sieben Wochen danach
15. August: Mariä Himmelfahrt klarer Sonnenschein, bringt meistens viel und guten Wein
21. September: Wie's Matthäus treibt, es vier Wochen bleibt
21. Oktober: Wie der St-Ursula-Tag anfängt, soll der Winter beschaffen sein
11. November: Wolken am Martinitag, der Winter unbeständig werden mag
24. Dezember: Wie die Witterung zu Adam und Eva, pflegt sie bis Jahresschluß zu sein.

Nach diesem Ausflug in überliefertes bäuerliches Gedankengut zurück zu unserer geplanten Bergwanderung. Wird man unterwegs – trotz aller „Vorsicht" – vom *Gewitter* überrascht, muß man sofort den Gipfel oder Bergkamm verlassen und in der nächsten Hütte oder, wenn es keine in der Nähe gibt, unter einem Felsüberhang oder niedriger gelegenen dichten Jungbäumen Schutz suchen. Wenn überhaupt nichts da ist, was Schutz bieten kann, sollte man sich einfach mit geschlossenen Füßen in eine Bodensenke setzen. Auf keinen Fall darf man auf dem kahlen Kamm bleiben oder sich unter hohe einzelne Bäume stellen.

Es kommt häufig vor, daß plötzlich tiefhängende Wolken die Gipfel und Hänge bedecken. Für den Wanderer ist es ein dichter und gefährlicher *Nebel*, der die Sicht auf wenige Meter begrenzt. Da muß man genau auf die Wegemarkierungen achten, um sich nicht zu verirren und zu Schaden zu kommen.

Eine andere Ursache des Nebels in den Tälern sind die Alpenseen. Es kommt zur Nebelbildung, wenn warme Luft über kälteres oder kalte Luft über wärmeres Wasser streicht. Das ist besonders im Frühjahr und Herbst der Fall. Dann stehen die Nebelbänke unter Umständen weit in die umliegenden Täler hinein.

Mit *Regen* und Schnee sind die Alpen reich gesegnet. Besonders viel Nässe bringt der Stauregen am Alpenrand. Aber auch im Innern der Alpen — bis auf einige Trockentäler — gibt es starke Niederschläge von Mitte Juni bis Mitte August. Es sind manchmal deprimierende Perioden von Regentagen, 8–14 Tage lang, am häufigsten im Juli. In dieser Zeit gehen auch heftige Gewitterregen nieder, die — fast in jedem Jahr — zu Wasserschäden und Murenabgängen führen.

Schnee fällt vom November an bis in den April hinein. Außer im Juli und August kommen in allen Monaten Schneefälle vor, oft hinunter bis in die Täler.

Die zur Erde fallenden Schneekristalle haben eine reiche Formenvielfalt — vom einfachen, hauchdünnen Schneeplättchen bis zu kunstvollen Filigransternchen. Welche Form so ein Kristall annimmt, hängt von der Temperatur ab, bei der die Wolkentröpfchen kristallisieren (−4 bis −20°). Bei Temperaturen um den Gefrierpunkt entstehen große, weiche, feuchte und langsam schwebende Schneeflocken, die den bei Skifahrern unbeliebten Pappschnee bilden. Man kann damit Schneebälle formen und Schneemänner bauen, aber sonst ist dieser Schnee wegen seiner stumpfen Festigkeit ein Ärgernis. Für den Wintersport ist der feinkörnige, trockene und lockere Pulverschnee, der ab −10° entsteht, natürlich vorzuziehen.

Die weiße Pracht kann auch zur weißen Gefahr werden. Allein in der Schweiz gehen jährlich 20 000 *Lawinen* nieder. Die beiden Arten — Staub- und Grundlawinen — haben eine unterschiedliche Beschaffenheit und Ursache. Wenn auf eine alte, pappige Schneedecke 30 cm oder mehr trockener Neuschnee fällt, findet er u. U. auf der alten Lage keinen Halt mehr und kommt ins Gleiten. Wenn die Schneemassen an den Hängen einmal in Bewegung sind, nehmen sie ständig an Umfang und Gewicht zu und sind durch nichts aufzuhalten. Diese Staublawinen sind mit einer enormen Druckwelle verbunden und können Bäume entwurzeln und Autos von der Straße fegen. Grundlawinen sind abrutschende Naßschneemassen — besonders in der Tauperiode —, die auf ihrem Weg alles bis zum Grunde abräumen — mit einer Aufprallenergie bis zu 100 Tonnen pro Quadratmeter. Während $1 \, m^3$ trockener Neuschnee 60–100 kg wiegt, hat $1 \, m^3$ Naßschnee das tödliche Gewicht von 600–800 kg!

Eine klimatische Besonderheit ist die winterliche *Temperaturumkehr*. Da die Kaltluft schwerer ist als die Warmluft, sinkt sie zu Boden und

▲ Abb. 66

fließt – entlang den Achen (Bächen) – das Tal hinunter bis zum Haupttal. Dort bleibt sie oft als nebliger Kaltluftsee liegen und kann nicht abfließen, weil die Berge ringsum wie Riegel wirken. Die Folge ist, daß es in den Tälern am kältesten ist, während auf den Bergen in den Wintersportbereichen (ab 600 m höher) herrlicher Sonnenschein und mildere Temperaturen vorherrschen. Erst ab 1800 m wird es wieder kälter.

Ein wenig davon, was uns die Wolken über den Bergen zu sagen haben, soll nun an Hand einiger Aufnahmen erläutert werden. Es sind Wetterabläufe, wie sie sich zu jeder Zeit wiederholen können.
Am Nachmittag eines Augusttages Richtung Westen (Wetterecke): aufziehende aufgetürmte Haufenwolke (Cumulus congestus), Unterseite dunkel wegen der großen Höhe und Dichte, Schauergefahr. (Abb. 66).
Zur selben Zeit Richtung Osten: abziehende Haufenwolken, darüber mittelhohe Wolken (Altocumulus); häufig lösen sie sich gegen Abend auf – wenn nicht, wie diese hier, steht schlechtes Wetter bevor (Abb. 67).
Am nächsten Vormittag um 11 Uhr (Abb. 68): mittelhohe dichte Schichtwolken (Altostratus opacus), die Berggipfel (hier ca. 2000 m) bedeckend, Niederschlag steht unmittelbar bevor, Wolken verdichten sich weiter, danach mehrstündiger Niederschlag.

▲ Abb. 67   ▼ Abb. 68

▲ Abb. 69   ▼ Abb. 70

▲ Abb. 71

Einige Stunden später (gegen 18 Uhr) Richtung Westen (Abb. 69): Aufreißen der Wolkendecke, kein Niederschlag mehr, etwas wärmer werdend.

Am nächsten Morgen Richtung Westen (Abb. 70): flache Haufenwolken (Cumulus humilis), Schönwetter naht, Wolken verändern sich schnell, lösen sich zum Teil schon in Fetzen auf.

Eine Stunde später (Abb. 71): Wolken haben sich, bis auf kleine Reste, aufgelöst, Schönwetter ist konstant.

Die Abb. 72–74 sind vom selben Standpunkt Richtung Westen in Abständen von jeweils 90 Minuten aufgenommen, die erste mittags um 12 Uhr: Von der Wetterecke ziehen sich immer mehr verdichtende Cumuluswolken auf, bis sie als dunkle Nimbuswolken übers Tal ziehen und abregnen.

Am nächsten Tag um 10 Uhr (Abb. 75) schauen wir Richtung Osten den aufreißenden Wolken hinterher. **65**

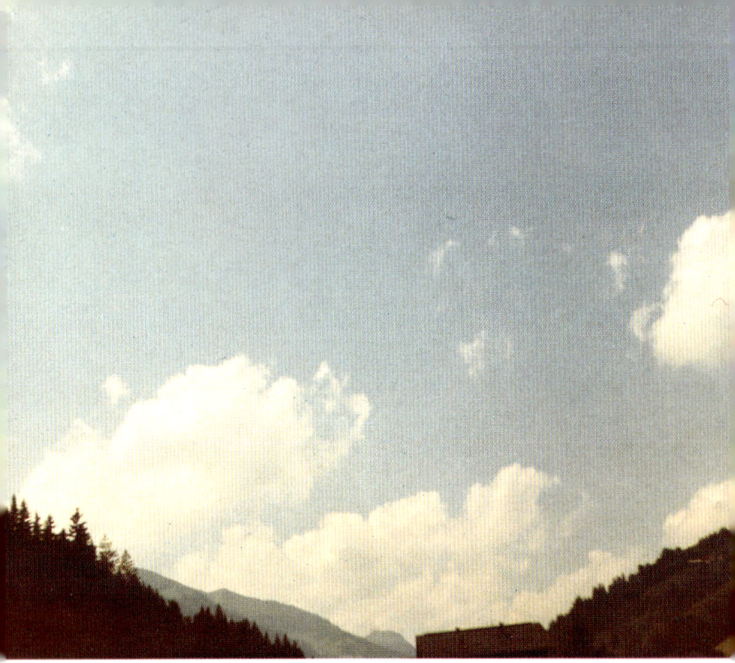

▲ Abb. 72

▼ Abb. 73

▲ Abb. 74   ▼ Abb. 75

▲ Abb. 76

▼ Abb. 77

▲ Abb. 78

Vom Westen (Abb. 76) her zieht zur selben Zeit ein neues Wolkenfeld auf, aber es ist nicht so kompakt wie das gestrige; gegen Nachmittag kommt immer mehr die Sonne durch.

Am selben Abend um 18.30 Uhr haben sich die Wolken fast aufgelöst, und nur 10 Minuten später ist der letzte Rest verschwunden (Abb. 77, 78).

An einem schönen Augusttag am Zeller See Richtung Nordwesten (Abb. 79): Mittags um 12.30 Uhr segeln vom Westen her einige Cumuluswolken, die noch nicht ahnen lassen, was ihnen folgt; etwa eine Stunde später (Abb. 80) sieht man bereits kurz über den Kämmen die sich verbreiternde Front, die sich in Abbildung 81 (mit einem leichten Schwenk nach Norden – wiederum eine Stunde später) in voller Breite präsentiert. Eine halbe Stunde später schiebt sich aus Südwesten (Abb. 82) eine kompakte Schauerwolke vor die Sonne, der ein kurzes, heftiges Gewitter folgt. **69**

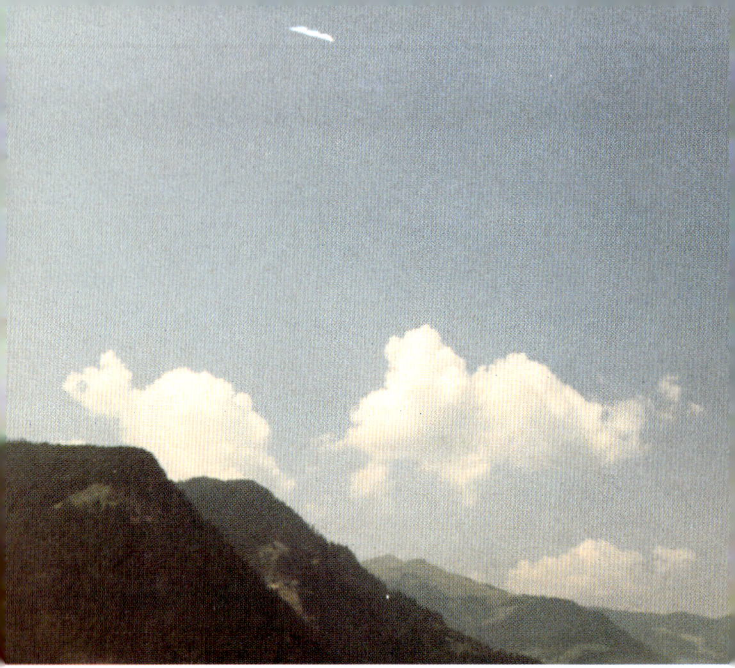

▲ Abb. 79

▼ Abb. 80

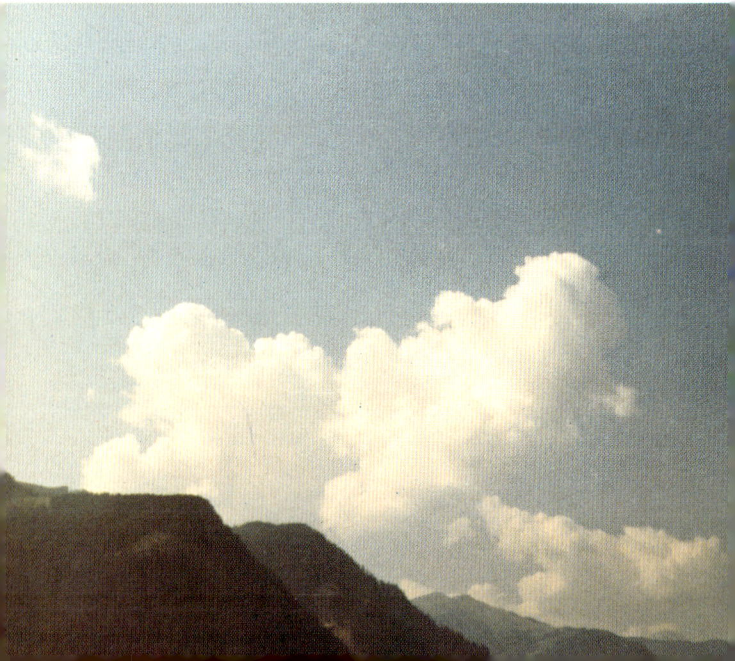

▲ Abb. 81   ▼ Abb. 82

Tips für Fallschirmspringer, Drachen- und Segelflieger

Bisher haben Sie einiges erfahren über das Entstehen und Zusammenspiel der meteorologischen Kräfte und über die Auswirkungen des Wetters auf alle „normalen" Menschen, die sich auf dem Lande und allenfalls noch auf dem Wasser aufhalten.

Dann gibt es noch die verhältnismäßig kleine, aber stetig wachsende Gruppe der Luftsportler, die sich in der dritten Dimension bewegen. Die Sehnsucht der Menschen, frei zu fliegen und aufzusteigen wie ein Vogel, ist so alt wie die Menschheit selbst. Ob der freie Fall in die Tiefe, das Schweben mit dem Drachen über dem Abgrund, der Kampf des Segelfliegers mit der Thermik – es ist immer wieder Abenteuer und Rausch, Herausforderung und Anspannung.

Es ist wichtig für alle, die wissen, daß die Luft kein Sicherheitsnetz hat und die sich ihr trotzdem anvertrauen, immer ein wenig Angst als Partner zu haben. Und es ist auch wichtig, mehr zu wissen als andere über die Eigenschaften, Veränderungen und Bewegungen der Luft.

Manches, was nun näher erläutert wird, war im Verlauf des Buches schon einmal angesprochen, aber oft nur im Nebensatz.

Unsere *Atmosphäre* ist ein Gemisch verschiedener Gase in der Zusammensetzung 78% Stickstoff, 21% Sauerstoff, 1% andere Gase.

Abb. 83

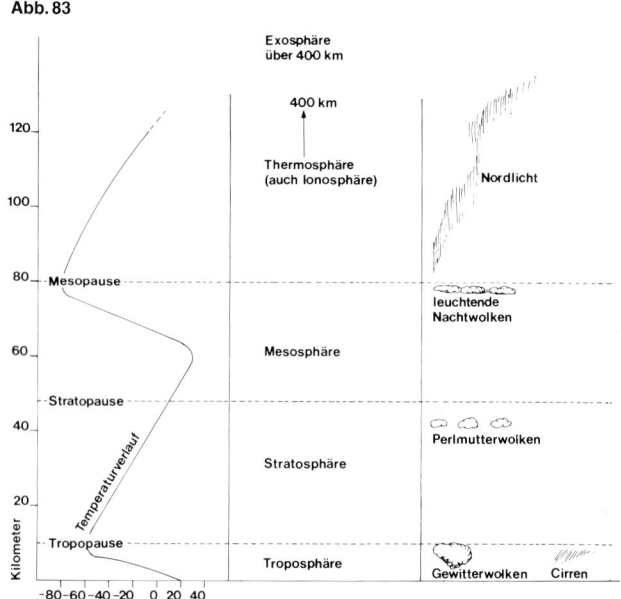

Dieses Verhältnis ändert sich kaum bis zu 100 km Höhe. Das „Daltonsche Gesetz", wonach die schweren Gase nach unten sinken (Sauerstoff ist schwerer als Stickstoff), spielt wegen der dauernden Luftbewegung und Mischung keine Rolle. Die einzige sich häufig ändernde Größe ist der Wasserdampfgehalt der Luft, der – je nach Wetterlage – bis zu 2% betragen kann.

Bereits im Vorwort war die Rede von der Ausdehnung und Schichtung unserer Atmosphäre (s. S. 5). Hier ist es angebracht, sie Ihnen noch einmal anschaulich vorzustellen – mit ihren Stockwerken, Erscheinungen und Temperaturschwankungen (Abb. 83).

Für uns ist eigentlich nur wichtig, was sich innerhalb der Troposphäre ereignet. In dieser verhältnismäßig dünnen Schicht gibt es drei Viertel der gesamten Luftmasse und den wechselnden Ablauf unseres Wetters. Die *Temperatur* sinkt mit zunehmender Höhe rasch und konstant – bis zur Tropopause – auf –55 bis –60°C, d. h. sie nimmt im Mittel pro Kilometer um 6,5°C ab. In die Praxis umgesetzt heißt es: Wenn man sich als Flieger oder Springer bei einer Bodentemperatur von 20°C in 3000 m Höhe befindet, muß man mit einer Temperatur um den Gefrierpunkt rechnen (20° – [3 mal 6,5°] = 0,5°C).

Auch die *Luftdichte* und der *Luftdruck* nehmen bei zunehmender Höhe gleichermaßen nach dem einfachen Gesetz ab: Halbierung alle 5,5 km (Abb. 84). Also liegt die Verminderung der Luftdichte und des Luftdrucks bei 5,5 km = 50%, bei 11 km = 25%, bei 16,5 km = 12,5%, bei 22 km = 6,25% ... In 50 km Höhe sind Dichte und Druck nur noch ein Tausendstel, bei rund 100 km Höhe ein Millionstel des Bodenwertes.

Abb. 84

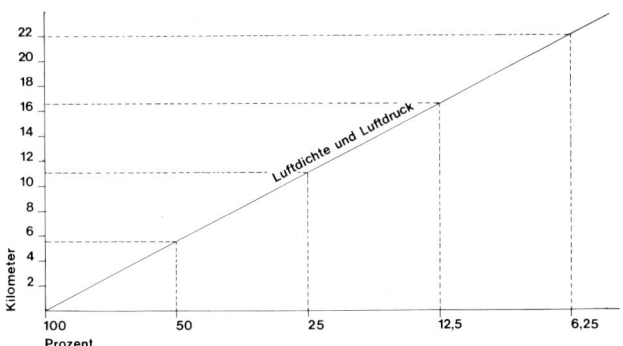

Als Faustregel kann man daraus ableiten: Luftdichte und Luftdruck betragen – mit gewissen Abweichungen – bei

1100 m = 90%
2200 m = 80%
3300 m = 70%
4400 m = 60%
5500 m = 50%

In diesem Zusammenhang ist darauf hinzuweisen, daß wegen der geringeren Luftdichte in größerer Höhe und des damit verbundenen minderen Luftwiderstandes die Fall- und Sinkgeschwindigkeit größer ist als in Bodennähe.

Wegen der höhenbedingten Abnahme der Luftdichte wird natürlich auch der *Sauerstoffgehalt* geringer. Wer aus einer Höhe über 4000 m springt oder in dieser Höhe fliegt, muß ein Sauerstoffgerät mitführen. Das ist um so dringlicher, je anfälliger man auf Sauerstoffmangel reagiert. Jedes Nachlassen der Reaktionsfähigkeit in diesem Sport kann tödliche Folgen haben.

Zusammensetzung, Eigenschaften und Veränderungen der Luft bei zunehmender Höhe sind der eine Teil dessen, was man wissen muß. Ebenso wichtig ist der nun folgende Teil – die horizontale und vertikale Bewegung der Luft.

Neben tiefhängenden Wolken – Stratus (St), Stratocumulus (Sc), Cumulonimbus (Cb) und Nimbostratus (Ns) (s. S. 26 ff.) – und Regen ist es besonders der starke *Wind*, der den Luftsportlern zu schaffen macht. Fallschirmspringer sind davon am meisten betroffen. Sie müssen sich zwei Maximen zu eigen machen:

1. Kein Springen ohne Bodensicht – weil die Wolken so dicht und tief hängen können, daß jede Landung unberechenbar und gefährlich ist (See, hohe Bäume, Verkehrswege, Hochspannung usw.)!
2. Einstellung des Sprungbetriebes bei herannahendem Gewitter – weil die vorweglaufenden, heftigen und plötzlichen Gewitterböen den Springer gefährlich abdriften können!

Bei Schülerabsprüngen darf Windstärke 3 (bis 5 m/s) nicht überschritten werden, aber auch geübte Springer sollten nicht mehr als Windstärke 5 (bis 10 m/s) riskieren. Das hängt außerdem ab vom Fallschirmtyp. Auf jeden Fall sind Windmesser und Windsack zu befragen.

Beim Flugbetrieb wird die *Windrichtung* nach der Kreis- und Gradeinteilung angegeben, die *Windstärke* wird in Knoten gemessen (1 Knoten = 1 Seemeile [1852 m] pro Stunde). Man geht davon aus, daß 1 Beaufortgrad etwa 5 Knoten entspricht (s. Beaufortskala S. 16). Somit bedeuten folgende Windangaben:

= West Stärke 3 = 270° 15 kn = 270/15

= Nordost Stärke 5 = 45° 25 kn = 045/25

= Süd Stärke 4 = 180° 20 kn = 180/20

= Nord Stärke 7 = 360° 35 kn = 360/35

Die Richtung der Höhenwinde entspricht häufig nicht der Bodenwind-richtung, ebensowenig wie der Zug der Wolken. Hinzu kommt, daß der Höhenwind meistens stärker ist als der Bodenwind, weil er nicht durch Hindernisse wie Häuser und Bäume gebremst wird. Daß der Höhen-wind oft entgegengesetzt dem Bodenwind verläuft, erkennt man an den Windwalzen des planetarischen Windsystems (s. S. 19) und am Verlauf des See- und Landwindes (s. S. 52).

Die thermischen Auf- und Abwinde, kurz *Thermik* genannt, spielen für Luftsportler die entscheidende Rolle. Die einen – Drachen- und Segel-flieger – suchen sie, weil sie ihren Fluggenuß verlängern, die anderen – Fallschirmspringer – meiden sie, weil sie ihre Sinkgeschwindigkeit un-berechenbar verändern können.

Vertikale Luftbewegungen sind vorwiegend eine Folge der Sonnenein-strahlung. Wo auch immer die Erdoberfläche aufgeheizt wird, nimmt sie die Wärme auf und gibt sie in unterschiedlicher Intensität wieder ab. Entscheidend dabei ist die verschiedene Oberflächenstruktur. So strahlt zum Beispiel dunkler Ackerboden mehr ab als ein See, ein Be-tonwohnsilo mehr als ein Wald, eine steinige Wüste mehr als das Meer. Entsprechend entstehen thermische Auf- und Abwinde (Abb. 85).

Abb. 85

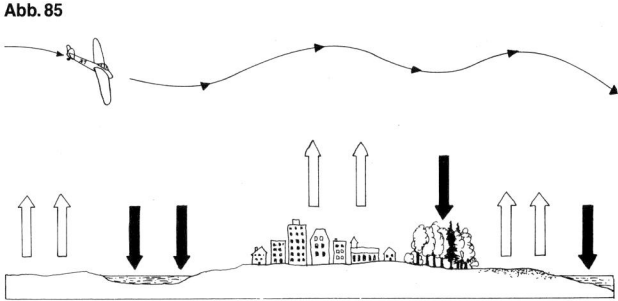

Im Gebirge mit seinen Bergen und Tälern, steilen Hängen und Schluch-ten und mit den Luv-, Lee- und Föhnwinden gibt es außergewöhnliche thermische Einflüsse. Die Aufwinde streichen über den Luvhang, ge-hen am Gipfel in *freie Thermik* über und steigen gradlinig nach oben (Abb. 86) – ein Eldorado für Segelflieger. Nicht selten gibt es in Höhe der Kondensationsgrenze eine Cumuluswolke. Wenn wegen man-gelnder Luftfeuchtigkeit keine Bewölkung aufkommt, spricht man von *Blauthermik*. Es ist jedoch nur ein kleiner Schritt von den Aufwinden zu den Ab- oder gar Fallwinden. Ein starker Wind wird jenseits der freien Thermik an der Leeseite unversehens zum Fallwind. Der *Föhn* (s. S. 57) macht uns das besonders deutlich, wenngleich die hohen linsenförmi-gen Leewolken am Föhnhimmel bei den Segelfliegern sehr beliebt sind. Man nennt sie „Lentis" (Abkürzung von lenticularis = linsenför-mig).

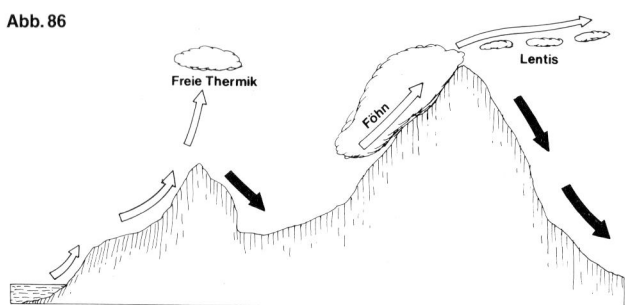

Abb. 86

Freie Thermik

Föhn

Lentis

Bedingt durch die Sonneneinstrahlung, streicht der *Talwind* tagsüber den Hang hinauf, während die nächtliche Abkühlung auf den Höhen den umgekehrten *Bergwind* zur Folge hat. Dementsprechend gleitend, manchmal auch sprunghaft, verändert sich die Thermik.

Ob im Gebirge oder im Flachland, eine von West nach Ost ziehende *Zyklone* (s. S. 48) hat ihre besondere und stets gefährliche Thermik. Es beginnt verhältnismäßig harmlos, wenn sich beim Aufgleitvorgang warme Luft über die lagernde Kaltluft schiebt und sich dabei recht gleichmäßige Aufwinde, aber zugleich auch Wolken, entwickeln. Beim nachfolgenden Einbruchsvorgang, wobei sich vorrückende Kaltluft unter warme Luft schiebt und sie mit Vehemenz nach oben drückt, entstehen mächtige Cumulonimbuswolken, die zu gewaltigen Gewitterwolken in Amboßform über 10 km Höhe anwachsen können. Innerhalb dieser Wolken gibt es orkanartige Auf- und Fallwinde, die Fallschirmspringer aufwärts bis an den Rand des Erfrierens drücken oder abwärts wirbeln können. Genauso sind Drachen- und Segelflieger aufs äußerste gefährdet. Selbst Jetpiloten meiden Gewitterwolken. In diesem Zusammenhang ist noch anzumerken, daß Wärmegewitter den Flugbetrieb weniger behindern als Frontgewitter, weil sie wegen der meist geringeren Ausdehnung leichter zu umfliegen sind.

Anhang

Wetterberichte und Wettervorhersagen

In der Bundesrepublik Deutschland sind über den Fernsprechansagedienst der Bundespost folgende Wetterberichte abrufbar:
    Allgemeiner Wetterbericht (0) 11 64
    Seewetterbericht (nur Küstenländer) (0) 1 15 09
    Reisewetter- und Wintersportbericht (0) 1 16 00
    Straßenzustandsbericht (nur im Winter) (0) 11 69
    Witterungshinweise für die Landwirtschaft (0) 11 54
    Segelflug-Wetterbericht (0) 1 15 06
In der Schweiz ist die neueste Wettervorhersage über die Rufnummer
162 erreichbar.

Spezielle Auskünfte erteilen die regionalen Wetterämter, in der Bundesrepublik Deutschland:

Wetteramt Bremen	04 21/55 30 90
Seewetteramt Hamburg	0 40/3 19 08 01
Wetteramt Schleswig	0 46 21/2 40 22
Wetteramt Hannover	05 11/7 30 51
Wetteramt Essen	02 01/71 20 21
Wetteramt Frankfurt	0 69/8 06 26 34
Wetteramt Trier	06 51/4 50 45
Wetteramt Stuttgart	07 11/54 11 22
Wetteramt Freiburg	07 61/27 30 57
Wetteramt München	0 89/53 00 84-88
Wetteramt Nürnberg	09 11/52 50 01-03

In Österreich:
    Die Zentralanstalt für Meteorologie und Geodynamik in Wien
    (02 22/3 64 45 30) und ihre Außenstellen in
    Innsbruck   (9 95/8 55 98)
    Klagenfurt   (9 94/4 14 43)
    Salzburg   (9 96/4 02 56)

In der Schweiz:
    Die Landes- und Regionalwetterzentrale Zürich (01/2 56 92 70),
    das Centre meteorologique Cointrin in Genf (0 22/98 24 24-25)
    und das Osservatore Ticino in Locarno (0 93/31 27 71).

Sachregister

Absolute Luftfeuchtigkeit 23
Abwinde 75
Anemometer 15
Antizyklone 9
Alpenstau 57
Altocumulus 32
Altostratus 31
Atmosphäre 5
Atmosphäre – Gasgemisch 72
Atmosphäre – Stockwerke 72
Aufgleitvorgang 48
Aufwinde 75
Azorenhoch 19

Barisches Windgesetz 12
Barograph 8
Barometer 8
Bauernregeln 59
Beaufortgrade 16
Beaufortskala 16
Bergwind 58, 76
Bewölkung auf Wetterkarten 26
Blitze 51

Celsius 18
Cirrocumulus 32
Cirrostratus 35
Cirrus 32
Corioliskraft 11
Cumulonimbus 31
Cumulus 28

Donner 51
Dünung 54
Dunst 54

Einbruchsvorgang 50
Exosphäre 5, 72
Extreme Temperaturwerte 21

Fahrenheit 18
Fallwind 75
Fernanzeigender Windmesser 15
Föhn 57
Frontgewitter 50

Gewitter 50, 60
Gezeiten 20

Hektopascal 8
Hoch 8
Hochdruckbrücke 9
Hochdruckkeil 9
Höhenmesser 8
Hygrometer 23

Ionosphäre 5, 72
Isobaren 9

Kalmen 19
Kaltluft 48 f.
Kelvin 18
Klassisches Tief 48
Knoten 14, 74
Kondensation 23

Landklima 22
Landwind 52
Lawinen 61
Lentis 75
Lokale Winde 58
Lostage 60
Luftdichte 73
Luftdruck 7, 73
Luftdruckgegensätze 9
Luftfeuchtigkeit 23

Mesosphäre 5, 72
Messung mit zwei Thermometern 23
Millibar 7

Nadirflut 20
Nebel 24, 54, 61
Nimbostratus 31
Nipptide 20
Nord-Wetterlage 12

Offenbach, Wetterdienstzentrale 6
Ost-Wetterlage 13

Planetarisches Windsystem 19
Planeten 18
Psychrometertafel 24

Réaumur 18
Relative Luftfeuchtigkeit 23
Roßbreiten 19

Sättigungsfeuchtigkeit 23
Schnee 61
Seeklima 22
Seewetterdienst 56
Seewind 52
Sonne 18
Springtide 20
Stratocumulus 28
Stratosphäre 5, 72
Stratus 28
Sturmwarndienst 55
Süd-Wetterlage 12

Talwind 58, 76
Tau 24
Taupunkt 23
Temperatur 18, 73
Temperaturbestimmung 18, 20
Temperaturumkehr 61
Thermik 75
Thermometerskala 18
Tief 9, 48
Tiefdruckausläufer 9
Tiefdruckrinne 9
Torr 7
Torricelli 7

Tropopause 19
Troposphäre 5, 19, 72

Umlaufender Wind 54

Vertikaler Luftaustausch 19

Wärmegewitter 51
Warmluft 48 f.
Wellenhöhe 53
Wellenlänge 53
Wellenperiode 53
West-Wetterlage 13
Wetterdienststellen 77
Wetterkartenzeichen 2
Wettersatelliten 6
Wetterschiffe 6
Wetterstationen 6
Wettervorhersage 5, 77
Wind 14, 74
Wind auf Wetterkarten 15
Windmesser 15
Windrichtung 14, 74
Windrose 14
Windsee 54
Windstärke 14, 74
Windvorhersage 55
Wolken 24
Wolkenarten 28 ff.
Wolkenstockwerke 27

Zenitflut 20
Zentralamt des Deutschen
     Wetterdienstes 6
Zyklone 9

Lehr-Wetterkarte (S. 81)

Sie sehen südlich von Island über dem Atlantik ein ausgeprägtes – beinahe „klassisches" – Tiefdruckgebiet mit fast kreisrunden Isobaren (niedrigste Isobare mit 980 mb), ein weiteres Tief über Nord-Skandinavien und ein Hoch über Mitteleuropa.

Bevor Sie sich diese Lehr- (und darum vereinfachte) Wetterkarte ansehen, sollten Sie noch einmal lesen, was über Luftdruckgegensätze im weiten Raum, Isobaren und barisches Windgesetz geschrieben wurde (S. 9–12).

Zwei Aussagen, an die Sie sich sicher erinnern, können nun durch Augenschein bestätigt werden:

1. „Der Wind dreht sich links herum in das Tief hinein." – Wir sehen deutlich um das Tief herum die links kreisende Windrichtung und somit die Bestätigung durch die Angaben der Wetterstationen.

2. „Je enger die Isobaren aneinanderliegen, desto stärker ist das Druckgefälle und somit der Wind." – Nordwestlich von Island sind die Isobaren etwa 100 sm voneinander entfernt, und es wird hier Windstärke 7 angezeigt.

Um Sie als Lernenden nicht zu verwirren, sind von vielen Wetterstationen nur wenige ausgesucht und in diese Karte eingetragen. Greifen wir einmal „Hamburg" heraus: WNW Stärke 3, heiter, 21°C, 1016 mb, – oder „Stockholm": NW Stärke 3, halb bedeckt, 18°C, 1006 mb, – und vielleicht noch „Rom": O Stärke 3, wolkenlos, 26°C, 1013 mb.

In Mittel- und Osteuropa ist durchweg schönes sonniges Wetter. Die beiden Stationen im Zentrum des Hochs melden Windstille.

Ganz anders sieht es dagegen über dem Atlantik aus: dichte Bewölkung, eine durchgehende Regenfront zwischen Schottland und Island, Schauertätigkeit im übrigen Bereich, kühle Temperaturen. Auch hier greifen wir einige Stationen heraus, als erste die „Scilly-Inseln" an der Südwestecke Englands: WSW Stärke 3, wolkig, 16°C, Regenschauer, 1011 mb, und dann die „Shetland-Inseln" nordwestlich von Schottland: SO Stärke 4, bedeckt, Regen, 13°C, 1005 mb, – und schließlich das „Wetterschiff" im Seegebiet nordwestlich von Irland: SW Stärke 7, halb bedeckt, Luft 16°C, Wasser 16°C, 993 mb.

Interessant ist der Verlauf der Warmfront, die sich, aufgebaut durch südliche Winde aus Frankreich und dem Mittelmeerraum, von Großbritannien über die Nordsee schiebt. Es folgt, ausgelöst durch die vom Nordmeer her eindrehenden Winde, eine Kaltfront, die im oberen Teil bereits die Warmfront eingeholt und aufgelöst hat (Okklusion). Der Vergleich einiger Stationen macht den Temperaturunterschied der Luftmassen deutlich.

Im Bereich der Warmfront meldet Paris 27°C und Sunderland an der englischen Nordseeküste 23°C. Dagegen melden die Scilly-Inseln, gerade erst von der Kaltfront überquert, 16°C. Und die Shetland-Inseln, die von der Warmfront noch nicht erreicht worden sind, haben nur 13°C Lufttemperatur (Siehe auch: ein „klassisches" von West nach Ost ziehendes Tief S. 48).